首都圏版㉘　**最新入試に対応！ 家庭学習に最適の問題集!!**

JN126748

筑波大学附属小学校

2022年度版 過去問題集

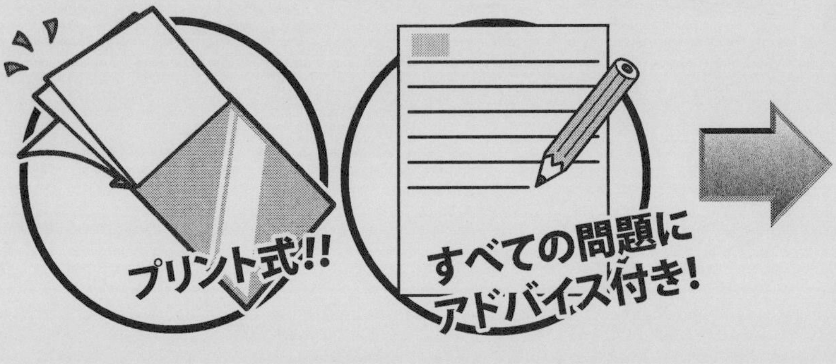

〈問題集の効果的な使い方〉

①お子さまの学習を始める前に、まずは保護者の方が「入試問題」の傾向や、どの程度難しいか把握します。もちろん、すべての「学習のポイント」にも目を通してください
②各分野の学習を先に行い、基礎学力を養いましょう！
③「力が付いてきたら」と思ったら「過去問題」にチャレンジ！
④お子さまの得意・苦手がわかったら、その分野の学習をすすめ、全体的なレベルアップを図りましょう！

合格のための問題集

筑波大学附属小学校

お話の記憶	お話の記憶問題集　－上級編－
図形	筑波大学附属小学校図形攻略問題集①②
数量	Ｊｒ・ウォッチャー41「数の構成」
図形	Ｊｒ・ウォッチャー54「図形の構成」
制作	実践 ゆびさきトレーニング①②③

過去２年間の最新問題＋各問題にアドバイス付!!

日本学習図書（ニチガク）

2021年度入試 ここが変わった筑波小の入試

①日程変更

第二次選考（テスト）の日程が 2020 年 11 月 15 日～ 17 日に。これに伴って以下のように日程が変更。
第一次選考出願　2020 年 9 月 17 日～ 20 日（Web）
第一次選考（抽選）　2020 年 10 月 3 日
第二次選考出願　10 月 14 日～ 16 日（郵送）
第二次選考（テスト）　11 月 15 日～ 17 日
第三次選考（抽選）　11 月 19 日
合格発表　11 月 20 日

※抜粋。2022 年の日程は未定です。

・私立小学校の入試日程と一部重なるケースがあった。

②出願方法変更

第一次選考（抽選）の出願方法が「持参」→「Web」に変更。
第二次選考（テスト）の出願方法が「持参」→「郵送」に変更。
・抽選の様子は一部の保護者のみに公開。一度も登校することなく、出願が可能。

③試験内容に新傾向

・コロナ対策として「行動観察」が行われなかった。
・ペーパーテストでは新たに数量分野の問題が出題された。
・ペーパーテストは従来のものよりは答えやすくなった。

〈2021年度（2020年秋実施）入試の出題分野一覧表〉

	Aグループ	Bグループ	Cグループ
ペーパーテスト	〈男子〉 お話の記憶、図形、数量 〈女子〉 お話の記憶、図形、数量	〈男子〉 お話の記憶、図形、数量 〈女子〉 お話の記憶、図形、数量	〈男子〉 お話の記憶、図形 〈女子〉 お話の記憶、図形、数量
制作	〈男子〉 おばけの絵 〈女子〉 アサガオボード	〈男子〉 カエルボード 〈女子〉 テントウムシと木の筒	〈男子〉 イチョウボード 〈女子〉 川と橋と魚のボード
運　動	〈男女〉 クマ歩き	〈男女〉 クマ歩き	〈男女〉 クマ歩き
その他	〈男女〉 口頭試問	〈男女〉 口頭試問	〈男女〉 口頭試問

「筑波大学附属小学校」について

〈合格のためのアドバイス〉

当校は日本最古の国立小学校であり、伝統ある教育研究機関の附属校として、意欲的かつ充実した教育を行っています。本年度の入試はコロナ禍で行われた試験とあって、日程が変更されたり、１グループの人数を減らす、マスクをつけての運動、密を避けるために行動観察をしないなど様々な変化がありました。

第一次選考の抽選の後、第二次選考で**口頭試問**、**ペーパーテスト**、**制作テスト**、**運動テスト**、を行い、男女各100名に絞られます。さらに第三次選考の抽選で入学予定者男女各64名が決定します。

第二次選考の試験は、男女を生年月日別の３つのグループ（A・B・C）に分けて実施されます。問題の内容はグループによって異なりますが、出題傾向に大きな差はなく、全グループ共通の観点で試験が行われていると考えられます。

口頭試問は、制作（お絵かき・グループへの出題とは別の課題）中に２～３人が呼び出され、１人に対して１～２つの質問をする形で行われました。質問の内容は「学校までの交通手段」「好きな食べもの」「『たちつてと』を言う」などさまざまで、答えの内容よりも答える際の態度、言葉遣いなどを観ていると思われます。

ペーパーテストは、**お話の記憶**と**図形**のほか、新たに**数量**が出題されました。

お話の記憶は、お話が長く複雑であることと、服装、色、季節など、細かい描写を問う設問があることが特徴です。お話を聞き記憶する力は、読み聞かせを繰り返すことで培われます。積み重ねを大切にしてください。

図形は、図形の構成を中心に回転図形、展開、回転図形なども出題されています。幅広く問題に取り組んで学力を付けることと同時に、たくさんの問題を見ても焦らないよう、制限時間内に多くの問題を解く能力も身に付けておきましょう。

制作テストでも、グループごとに違う課題が出されましたが、紙をちぎる、ひもを結ぶ、のりやテープなどで貼り合わせるといった基本的な作業は共通しています。ペーパーテストと同様、時間が短く、完成できない受験者も多かったそうです。ふだんから積極的に工作や手先を動かす作業を行い、器用さ、手早さを養いましょう。また、指示がしっかり聞けているか、取り組む姿勢はどうか、後片付けはできているかなども重要なポイントになりますので、練習の際には注意してください。

運動テストは、数年連続してクマ歩きが出題されています。今年は出題がなかった**行動観察**では、基本的なゲームや遊びが出題されています。協調性を観点にしたものですが、特別な対策が必要なものではありません。

当校の試験は、本年度はやや簡単になったとは言え、標準から見ればまだまだ難度が高い入試です。過去に出題された問題がまた出題されることも少なくないので、過去の問題を熟読し、幅広い分野の学習を進めてください。また、「問題を確実にこなす」「うっかりミスをなくす」ことを心がけ、数多くの問題に慣れておくことを強くおすすめします。

〈2021年度選考〉

◆「入試対策」の頁参照

◇過去の応募状況

2021年度	男子2,177名	女子1,928名
2020年度	男子2,087名	女子1,813名
2019年度	男子2,032名	女子1,762名

得 先輩ママたちの声！

◆実際に受験をされた方からのアドバイスです。
ぜひ参考にしてください。

筑波大学附属小学校

・図形（数量）の問題もお話の記憶の問題も問題数が多くて、時間が足りなくなりました。なるべく早くから問題集に取り組んで対策を取っておくべきです。

・上履きやスリッパは貸してもらえないので、絶対に忘れないように注意してください。滑るのでゴム底のものがおすすめです。

・子どもの試験の待機中に、保護者にも作文が課されました。指定されたテーマについて、25分程度でＡ４用紙１枚（約350字）に書くというものでした。

・試験当日書類を忘れたり、不備のある方が目立ちました。その場で失格ということはありませんが、別に回収されます。

・子どもたちのテスト中に作文を書きましたが、10数行を25分ほどで書くので時間がギリギリでした。書くことをしっかりと準備しておく必要があります。

・私立小入試の準備を入念していたお子さまには簡単な問題だったようです。（テスト）時間が余ったおっしゃっていたお子さまもいました。

・運動テストでクマ歩きをするので、女子のスカートは避けた方がよさそうです。また、体育館の床が滑りやすく、転んでしまう子もいたそうですが、なるべく素早くできるように練習しておくとよいと思います。

・制作テストは内容の割に、とにかく時間が短いです。ひも結びや紙ちぎりなどを重点的に、遊びの中に取り入れて練習しておくと、当日焦らずできると思います。

・本校の子どもたちは１年中半そで・半ズボンだそうで、当日も寒い中、半そで・半ズボンのお子さまが多かったです。寒さに強い子にしておいた方がよいですね。

筑波大学附属小学校

合格対策の決定版！

書店では販売されていない本校専用問題集

お話の記憶問題を段階的に練習

必ず出題されるお話の記憶。過去10年に遡りピックアップしました。短文から長文まで全グループに対応した問題集です。

朗読ＣＤ付き

図形分野の完全対策

重ね図形をはじめ筑波大附属小ならではの複合的な問題に対応。過去の出題傾向を分析した実力アップのための分野別問題集です。全２巻。

出題分野を総合的に強化

お話の記憶、図形、工作問題を重点的に練習したい方におすすめです。傾向に合わせて集中的に取り組めます。

学習進捗の最終確認に

ニチガクの分析力で、筑波で出題される問題を予想しました。筑波対策として、段階別に分かれた５回のテストで実力判定を！

筑波の工作問題に合わせた類題20問掲載！工作材料つき!!

工作は遊びを通して練習

立体制作、絵画、ちぎり絵など、さまざまな形式の制作課題が出題されます。道具の使い方も含めいろいろな課題に取り組んでください。

各定価　本体2,500円＋税

このページに掲載の専用問題集は
書店では販売しておりません。
オンラインショップ、または
お電話・ＦＡＸでお申込みください。

日本学習図書株式会社
オンラインショップ
http://www.nichigaku.jp/
電話：03-5261-8951　FAX：03-5261-8953

筑波大学附属小学校

過去問題集

〈はじめに〉

現在、少子化が叫ばれているにもかかわらず、私立・国立小学校の入学試験には一定の応募者があります。入試は、ただやみくもに学習するだけでは成果を得ることはできません。志望校の過去における出題傾向を研究・把握した上で、練習を進めていくこと、その上で試験までに志願者の不得意分野を克服していくことが必須条件です。そこで、本問題集は小学校を受験される方々に、志望校の出題傾向をより詳しく知って頂くために、過去に遡り出題頻度の高い問題を結集いたしました。最新のデータを含む精選された過去問題集で実力をお付けください。また、志望校の選択には弊社発行の「**2022年度版　首都圏・東日本　国立・私立小学校　進学のてびき（4月下旬発行）**」をぜひ参考になさってください。

〈本書ご使用方法〉

◆出題者は出題前に一度問題を通読し、出題内容などを把握した上で、〈**準　備**〉の欄に表記してあるものを用意してから始めてください。

◆お子さまに絵の頁を渡し、出題者が問題文を読む形式で出題してください。問題を読んだ後で、絵の頁を渡す問題もありますのでご注意ください。

◆「**分野**」は、問題の分野を表しています。弊社の問題集の分野に対応していますので、復習の際の目安にお役立てください。

◆一部の描画や工作、常識等の問題については、解答が省略されているものがあります。お子さまの答えが成り立つか、出題者が各自でご判断ください。

◆〈**時　間**〉につきましては、目安とお考えください。

◆解答右端の［**〇年度**］は、問題の出題年度です。［**2021年度**］は、「2020年の秋から冬にかけて行われた2021年度入学志望者向けの考査で出題された問題」という意味です。

◆**学習のポイント**は、指導の際にご参考にしてください。

◆**【おすすめ問題集】**は各問題の基礎力養成や実力アップにご使用ください。

〈本書ご使用にあたっての注意点〉

◆文中に**この問題の絵は縦に使用してください。**と記載してある問題の絵は縦にしてお使いください。

◆〈**準　備**〉の欄で、クレヨンと表記してある場合は12色程度のものを、画用紙と表記してある場合は白い画用紙をご用意ください。

◆文中に**この問題の絵はありません。**と記載してある問題には絵の頁がありませんので、ご注意ください。なお、問題の絵の右上にある番号が連番でなくても、中央下の頁番号が連番の場合は落丁ではありません。

下記一覧表の●がついている問題は絵がありません。

問題1	問題2	問題3	問題4	問題5	問題6	問題7	問題8	問題9	問題10
問題11	問題12	問題13	問題14	問題15	問題16	問題17	問題18	問題19	問題20
問題21	問題22	問題23	問題24	問題25	問題26	問題27	問題28	問題29	問題30
					●				
問題31	問題32	問題33	問題34	問題35	問題36	問題37	問題38	問題39	問題40
問題41	問題42	問題43	問題44						

◎学習効果を上げるため、前掲の「家庭学習ガイド」及び「合格のためのアドバイス」をお読みになり、各校が実施する入試の出題傾向を、よく把握した上で問題に取り組んでください。
※冒頭の「本書ご使用方法」「本書ご使用にあたっての注意点」も併せてご覧ください。

2021年度入試問題

問題１　分野：お話の記憶　　Aグループ男子

〈準　備〉　クーピーペン（８色）

〈問　題〉　お話をよく聞いて、後の質問に答えてください。

昨日の夜降った雨が上がり、今日は晴れたよいお天気です。クマくんとキツネくん、タヌキくん、ライオンくんとキリンさんで、山へキャンプに行きます。近くの駅に集まったのは、キツネくんとライオンくんとタヌキくんです。駅の花壇にはアサガオの花がきれいに咲いていました。そこへキリンさんが１番にやってきました。キリンさんは、青い帽子をかぶって黄色のリュックサックを背負っています。その次にやってきたのはタヌキくんで、緑色のズボンを履いていました。「おはよう」とあいさつしていると、ライオンくんもやってきました。ライオンくんは赤いズボンを履き、緑色のリュックサックを背負っています。クマくんとキリンさんは先にキャンプ場に行っているのです。３人は電車でキャンプ場近くの駅まで行き、さらにそこからバスに乗って、キャンプ場に向かいました。キャンプ場に着くとキツネくんとクマくんがテントを張ろうとしていました。クマくんはやってきた３人を見つけると「うまくテントが張れないんだよ。手伝って」と言いました。ライオンくんはキャンプに詳しいので「ここを持つと簡単だよ」と言ってすぐにテントを張ってしまいました。テント張った後はみんなで魚釣りです。近くの川に行き、クマくんは３匹、タヌキくんは２匹、キツネくんとライオンくんは１匹ずつ魚を釣りました。その後はみんなで周りを探検したり、おしゃべりをしているとあっという間に夕食の時間になりました。「私は１匹も釣れなかったので焼きそばを作るね」と言ってキリンさんがピーマンを３個入れて焼きそばを作りました。みんなは「美味しい」と言って食べました。「僕はサラダを作るよ」とタヌキくんはトマトの入ったサラダを作りました。ライオンくんはトマトが嫌いでしたが、がんばって食べました。夕食を食べた後、キツネくんが望遠鏡を持っていたので、みんなで星を見ることにしました。「あ、流れ星！」とキリンさんが言うとちょうど望遠鏡を見ていたタヌキくんが早口で何かを言いました。「何を言ったの」とキツネくんが言うとタヌキくんは「流れ星を見ている時に願い事を言うと願い事が叶うらしいから、急いで言ったんだ」と言いました。「そうなの」とキリンさんが言い、次の流れ星を見ながら「来年もキャンプに来れますように」と早口で言いました。

（問題１の絵を渡す）
①お話に出てこなかった動物に○をつけてください。
②キャンプの前の日はどんな天気でしたか。選んで○をつけてください。
③キリンさんの帽子は何色でしたか。その色で○を塗ってください。
④焼きそばを作ったのは誰ですか。○をつけてください。
⑤焼きそばにはピーマンをいくつ入れましたか。その数だけ○を書いてください。
⑥１番多く魚を釣ったのは誰ですか。○をつけてください。
⑦キャンプには何に乗って行きましたか。○をつけてください。
⑧お話と同じ季節の絵に○をつけてください。

〈時　間〉　各20秒

問題2　分野：お話の記憶

Bグループ男子

〈準 備〉　クーピーペン（８色）

〈問 題〉　お話をよく聞いて、後の質問に答えてください。

けんたくんは毎日早く起きますが、クリスマスの朝は寝坊をしてしまいました。ベッドにはクリスマスプレゼントにもらったくまのぬいぐるみが置いてあります。ぼんやりしていると、お母さんに「朝ごはんだよ。顔を洗っておいで」と言われて階段を降りていくと、昨日撮った写真が壁に３枚貼ってありました。けんたくんがプレゼントをもらった時の写真やケーキを食べている写真、クリスツリーの飾り付けをしている写真が飾ってありました。朝食はご飯とお味噌汁と目玉焼きです。朝食を食べるとトイレに行きたくなりました。学校に行く時間になりましたが、けんたくんはトイレから出られません。「けんた、時間だよ」とお母さんに言われたけんたくんは慌てて、トイレから飛び出して学校に行こうとすると、お姉さんに「けんた、ランドセルを忘れているよ」と言われました。「あっ、ほんとうだ」けんたくんは戻って、青色のランドセルを背負って急いで学校に向かいました。学校へ着くとお友だちのたろうくんとクリスマスに何をもらったかを話しました。たろうくんは車のプラモデルをもらってすぐに組み立てたそうです。けんたくんは「いいなー。僕も来年はプラモデルをもらおうかな」と言いました。たろうくんが「けんたくんは何をもらったの」と聞くと、けんたくんは「ぼくは大きなクマのぬいぐるみをもらったんだ」と答えました。学校は明日から冬休みなので、授業はありません。冬休みの過ごし方や宿題について先生から聞き、成績表をもらいました。学校から帰ってくるとお母さんに「手を洗いなさい」と言われました。けんたくんがコップに水を入れ、うがいをして、手を洗って部屋に戻ってくると、お母さんはけんたくんの手の匂いをかいで「石鹸を使ってもう１回洗いなさい」と言ました。けんたくんはもう１度石鹸を使って手を洗いました。「もう１回洗ったよ」とお母さんに言うと、お母さんはほめてくれました。台所からカレーのいい匂いがしてきたので、けんたくんは「お昼ごはんはカレーだ」うれしくなりました。カレーはけんたくんの好物なのです。しばらくすると、お姉さんもやってきて食事の時間になりました。けんたくんは「いただきます！」とうれしそうに言って、食べ始めました。

（問題２の絵を渡す）
①けんたくんが学校に行く時に忘れたものに○をつけてください。
②けんたくんがクリスマスプレゼントにもらったものに○をつけてください。
③けんたくんが朝食で食べたものは何ですか。○をつけてください。
④壁に貼ってあった写真は何枚ありましたか。その数だけ○を書いてください。
⑤写真に写っていなかったものを選んで○をつけてください。
⑥けんたくんが最初に手を洗った時、使わなかったものに○をつけてください。
⑦けんたくんがお昼ごはんで食べたものを選んで○をつけてください。
⑧このお話と同じ季節のものを選んで○をつけてください。

〈時 間〉　各20秒

問題3　分野：お話の記憶　　Cグループ男子

〈準 備〉　クーピーペン（8色）

〈問 題〉　お話をよく聞いて、後の質問に答えてください。

イヌくんは夏休みになると、おばあちゃんの家に行きます。おばあちゃんの家は電車に乗った後、バスに乗って2時間ほどかかる場所です。おばあちゃんの家は、山のふもとにあり、家の前には小川が流れていて、木の橋がかかっています。イヌくんは今年もおばあちゃんの家に行きました。おばあちゃんの家の近くに住んでいる、サルくん、タヌキくん、ネコさんと虫捕りをして遊びました。イヌくんは虫を捕るのが苦手でちっとも捕れませんでしたが、タヌキくんはセミを捕るのがうまく、1日で5匹もセミを捕まえました。ネコさんとタヌキさんもセミは1匹ずつしか捕れませんでしたが、ネコさんは偶然カブトムシを見つけて、捕まえたのでとてもうれしそうでした。夜はおばあちゃんの家でスイカを食べます。イヌくんはスイカが好きなので、1度に3切れも食べておばあさんに「食べすぎないようにしてね」と言われました。スイカを食べた後は花火をしました。イヌくんは青い光を出す花火、サルくんは赤い光を出す花火、ネコさんは緑色の光を出す花火、タヌキくんは煙がたくさん出る花火でした。そんなことをして1週間ほどしてイヌくんは家に帰りました。帰る時、おばあちゃんは駅まで送ってくれ、「来年もいらっしゃい」とイヌくんに言ってくれました。冬になり、おばあちゃんから手紙が来ました。手紙には冬のおばあちゃんの家の窓から外を見た写真が入っていました。その写真には雪だるまが写っていて、イヌくんはその写真を見て「あれ、この写真には橋がない」と言いました。すると、横で見ていたお父さんが、「なつかしいな、雪が積もると川も橋も雪に埋もれてしまって見えなくなるんだ」と教えてくれました。よく見るとたしかに橋の形になった雪のかたまりがあります。「今年は雪が多いから、こんなことになるんだな」とお父さんは言いました。次の日の朝、学校に行き、友だちのクマくんにその写真を見せると「すごく雪が積もるんだね」と驚いていました。

（問題3の絵を渡す）

①イヌくんはおばあちゃんの家でスイカをいくつ食べましたか。その数だけ○をつけてください。

②イヌくんがおばあちゃんの家に行った時の季節に関係のないものに○をつけてください。

③イヌくんの花火の色は何色でしたか。その色で○を塗ってください。

④セミを1番たくさん捕ったのは誰ですか。○をつけてください。

⑤カブトムシを捕まえたのは誰ですか。○をつけてください。

⑥お話に出てこなかった動物に○をつけてください。

⑦イヌくんはどんな乗りものでおばあちゃんの家に行きましたか。○をつけてください。

⑧おばあちゃんから送られてきた手紙に入っていた写真はどれですか。○をつけてください。

〈時 間〉　各20秒

家庭学習のコツ①　「先輩ママのアドバイス」を読みましょう！

本書冒頭の「先輩ママのアドバイス」には、実際に試験を経験された方の貴重なお話が掲載されています。対策学習への取り組み方だけでなく、試験場の雰囲気や会場での過ごし方、お子さまの健康管理、家庭学習の方法など、さまざまなことがらについてのアドバイスもあります。先輩ママの体験談、アドバイスに学び、ステップアップを図りましょう！

問題4　分野：お話の記憶

Aグループ女子

〈準備〉　クーピーペン（８色）

〈問題〉　お話をよく聞いて、後の質問に答えてください。

今日は夏休みの前の日で、教室を大掃除する日です。雲１つない空に入道雲がもくもくとわいています。タヌキくんは白いＴシャツ、クマくんは水玉のＴシャツ、リスさんはシマシマのＴシャツ、サルくんは緑色のＴシャツ、ウサギさんはロボットの絵が描かれたＴシャツに着替えて掃除を始めます。サルくんは身軽なので窓や高いところを雑巾を使って掃除します。床はリスさんが雑巾を使って拭き掃除をします。タヌキくんはほうきで教室の床と廊下をはき、クマくんは本棚のほこりをはたきを使って払います。ウサギさんはゴミが溜まったら捨てに行く係です。掃除をしていると、タヌキくんがツルッと転んでしまいました。「床がびしょびしょだからだよ」とタヌキくんはリスさんに怒りました。横で見ていたウサギさんはリスさんに「雑巾はこうして絞らないと」と雑巾の絞り方を教えてあげました。リスさんはそれを真似て、雑巾を上手に絞ることができました。教室の外ではセミが鳴いていましたが、バタバタと大きな音がして、その鳴き声もよく聞こえません。クマくんははたきを使って本棚のほこりを払っていましたが、使い方がよくわからないのか、音ばかりであまりほこりは払えていないようです。ウサギさんは「クマくんやめて。本棚が壊れちゃうよ」と言い、「はたきは、こうやって使うのよ」と見本を見せてくれました。あまり、力を入れずになでるように使うのがよいようです。やがてサルくんが「終わったよ」と言いながら、教室に戻ってきました。サルくんは「雨が降りそうだから早めに終わらせようよ」と言いました。見るといつの間にか空が暗くなっていて、今にも雨が降りそうです。「急いでゴミを捨てに行かなくちゃ」と言ってウサギさんはゴミを捨てに教室の外に駆け出して行くと、雷がピカッと光ってゴロゴロと音がしました。

（問題４の絵を渡す）
①お話に出てこなかった動物に○をつけてください。
②ウサギさんが着ていたシャツはどれですか。○をつけてください。
③本棚を掃除していた動物は誰ですか。○をつけてください。
④その時使っていた道具は何ですか。○をつけてください。
⑤ウサギさんはどのように雑巾を絞りましたか。○をつけてください。
⑥お話の最後に天気はどうなりましたか。○をつけてください。
⑦サルくんのＴシャツと同じ色で○を塗ってください。
⑧お話の季節と同じものに○をつけてください。

〈時間〉　各20秒

家庭学習のコツ②　「家庭学習ガイド」はママの味方！

問題演習を始める前に、試験の概要をまとめた「家庭学習ガイド（本書カラーページに掲載）」を読みましょう。「家庭学習ガイド」には、応募者数や試験課目の詳細のほか、学習を進める上で重要な情報が掲載されています。それらの情報で入試の傾向をつかみ、学習の方針を立ててから、対策学習を始めてください。

問題5　分野：お話の記憶　Bグループ女子

〈準備〉　クーピーペン（８色）

〈問題〉　お話をよく聞いて、後の質問に答えてください。

仲の良いクマくん、ネコさん、ネズミくん、ウサギさん、ウシくんはサイクリングで山の温泉に行くことになりました。ネコさんが待ち合わせ場所のヒマワリ公園に行くと、クマくんとウシくんがいて、イチョウの葉っぱを拾っています。「黄色くてきれいだよね」とウシくんが言いました。「ネコさんの自転車と同じ色だね」とウシくんが言いました。「ウシくんとクマくんの自転車は青色なんだね。かっこいいね」とネコさんは言いました。しばらくして待ち合わせの時間になりましたがネズミくんとウサギさんが来ません。ネコさんは「途中で何かあったのかしら」と心配しました。しばらくして「安全運転でここまで来たので遅れたんだ」と言いながら赤い自転車に乗ってネズミくんがやってきました。緑色の自転車でいっしょにやってきたウサギさんは少しイライラしているようですが、「遅れてごめんね」とみんなに謝りました。やっと出発です。温泉に向かって行くと信号がありました。先頭のウサギさんが点滅している信号を急いで渡ろうとすると、クマくんに「危ないよ」と注意されました。ウサギさんはしょんぼりしてしまいましたが、ネコさんが「これから気を付ければいいのよ」と言うと元気になってまた自転車を漕ぎ始めました。しばらく進むとお昼の時間になりました。道の横にある広場でお昼ごはん食べることにします。ウシくんは背負っている青色のリュックサックから、大きなおにぎりを５つ出し、みんなに分けました。「僕はこれを持ってきたんだよ」とネズミくんは赤いリュックサックからナシとカキの入ったタッパーを取り出しました。お昼ごはん食べて30分ほど進むと、山の近くに温泉があります。温泉は広い露天風呂でみんなで１度に入れるようです。「あっ、タオルを忘れちゃった」と温泉に入る前にウシくんが言いました。すると、「ぼくは２枚持っているから１枚貸してあげるけど、大きさは大丈夫かな」といつも用意のよいネズミくんがタオルを貸してあげました。

（問題５の絵を渡す）
①お話に出てこなかった動物に○をつけてください。
②クマくんとウシさんが拾っていたものはどれですか。
　○をつけてください。
③渡ってはいけない信号の色は何色ですか。その色で○を塗ってください。
④赤い自転車に乗っていたのは誰ですか。○をつけてください。
⑤ウシくんはいくつおにぎりを持ってきましたか。その数だけ○を書いてください。
⑥ネコさんの自転車の色は何色ですか。その色で○を塗ってください。
⑦温泉に入るのにタオルを忘れたのは誰ですか。○をつけてください。
⑧お話の季節と同じものに○をつけてください。

〈時間〉　各20秒

家庭学習のコツ③　効果的な学習方法～問題集を通読する

過去問題集を始めるにあたり、いきなり問題に取り組んではいませんか？　それでは本書を有効活用しているとは言えません。まず、保護者の方が、すべてを一通り読み、当校の傾向、ポイント、問題のアドバイスを頭に入れてください。そうすることにより、保護者の方の指導力がアップします。また、日常生活のさまざまなことから、保護者の方自身が「作問」することができるようになっていきます。

問題6　分野：お話の記憶

Cグループ女子

〈準備〉　クーピーペン（８色）

〈問題〉　お話をよく聞いて、後の質問に答えてください。

今日タヌキさんは、楽しみにしていた雪まつりにお友だちと行きます。外に出ると雪が降っていましたが、タヌキさんは緑色の帽子をかぶり、ピンク色の長靴を履いて待ち合わせ場所の公園に行きました。星マークの帽子をかぶったキツネくんと緑色のマフラーをしたクマくんが雪だるまを作っていました。ゾウくんとリスさんがまだ来ていないようです。タヌキさんもいっしょに雪だるまを作っていると、黒い帽子とコートを着たゾウくんやってきました。「寝坊をしちゃったんだ、ごめんね」とゾウくんは言いました。それからすぐに赤い手袋をして、長靴をはいたリスさんがやってきました。「雪が降っていて道がよくわからなくなっちゃったんだ、ごめんね」そう言うと背負っていたリュックから木の実を取り出して食べ始めました。「出発しましょう」とタヌキさんが言うとみんな雪だるまを作るのやめましたが、いつの間にか７つの雪だるまができていました。公園の近くから出ているバスに乗って雪まつりを見に行きました。雪まつりの会場には大きな雪のお城がありました。タヌキさんとリスさんは「素敵ね」と言ってしばらく眺めていました。すると、「ぶるぶる、ちょっと寒いね」とクマくんとリスさんが言うので、タヌキさんは持っていた水筒から温かいお茶を出して、クマくんとリスさんに渡しました。みんなで雪で作ってあるさまざまなものを見ているとゾウくんが「さっきの雪だるまに比べると立派だよね」と言ったので、クマくんとけんかになりました。「やめて、やめて。ほら見て」とリスさんが言うのでみんなで見ると曇った空に青い花火が打ち上がり、大きな花を咲かせていました。

（問題６の絵を渡す）
①お話で天気はどうでしたか。○をつけてください。
②タヌキさんの帽子は何色でしたか。その色で○を塗ってください。
③雪だるまはいくつ作りましたか。その数だけ○を書いてください。
④黒い帽子をかぶっていたのは誰ですか。○をつけてください。
⑤何に乗って雪まつりに行きましたか。○をつけてください。
⑥雪まつりの会場には何がありましたか。○をつけてください。
⑦けんかをしたのは誰ですか。○をつけてください
⑧このお話と同じ季節のものを選んで○をつけてください。

〈時間〉　各20秒

問題7　分野：図形（図形の構成）

Aグループ男子

〈準備〉　クーピーペン（青）

〈問題〉　左端の形を太線で切り離した時に作れない形を右から選んで○をつけてください。ただし、裏返したり、形を重ねたりしてはいけません。

〈時間〉　３分

問題8　分野：数量（数の構成）　Aグループ男子

〈準備〉　クーピーペン（青）

〈問題〉　左側のイチゴの数と右側のイチゴの数を同じにする時に使わないものを右側から選んで○をつけてください。

〈時間〉　３分

問題9　分野：図形（図形の構成）　Aグループ女子

〈準備〉　クーピーペン（青）

〈問題〉　左端の形を太線で切り離した時に作れない形を右から選んで○をつけてください。ただし、裏返したり、形を重ねたりしてはいけません。

〈時間〉　３分

問題10　分野：数量（数の構成）　Aグループ女子

〈準備〉　クーピーペン（青）

〈問題〉　左側のリンゴの数と右側のリンゴの数を同じにする時に使わないものを右側から選んで○をつけてください。

〈時間〉　３分

問題11　分野：図形（展開・回転図形）　Bグループ男子

〈準備〉　クーピーペン（赤）

〈問題〉　左の紙の黒い部分を切り抜いて広げ、右に１回まわすとどんな形になるでしょうか。右の四角の中に書いてください。

〈時間〉　３分

問題12　分野：数量（比較）　Bグループ男子

〈準備〉　クーピーペン（赤）

〈問題〉　２つの太い線で長いのはどちらでしょうか。選んで○をつけてください。

〈時間〉　３分

問題13　分野：図形（展開・重ね図形）　Bグループ女子

〈準備〉　クーピーペン（青）

〈問題〉　①～④太い線で折って重ね、黒い丸の位置で切り抜くとどんな形になるでしょうか。右の四角の中に書いてください。
⑤～⑧はじめに太い線で折り、次に点線で折って重ね、黒い丸の位置で切り抜くとどんな形になるでしょうか。右の四角の中に書いてください。

〈時間〉　3分

問題14　分野：数量（比較）　Bグループ女子

〈準備〉　クーピーペン（青）

〈問題〉　2つの太い線で長いのはどちらでしょうか。選んで○をつけてください。

〈時間〉　3分

問題15　分野：図形（回転図形）　Cグループ男子

〈準備〉　クーピーペン（赤）

〈問題〉　左端の形と同じ形を右から選んでください。ただし、左端の形は回転させてあります。

〈時間〉　3分

問題16　分野：図形（図形の構成）　Cグループ男子

〈準備〉　クーピーペン（赤）

〈問題〉　左の2つの積み木をぴったり重ねた時、重ならない部分はどんな形になるでしょうか。右から選んで○をつけてください。

〈時間〉　3分

問題17　分野：図形（展開・回転）　Cグループ女子

〈準備〉　クーピーペン（青）

〈問題〉　左の形を矢印の方向に点線の位置で折った時にできる形はどれでしょうか。ただし、回転させてあるものもあります。

〈時間〉　3分

問題18　分野：数量（比較）

Cグループ女子

〈準備〉　クーピーペン（青）

〈問題〉　左の２つの積み木をぴったり重ねた時、重ならない部分の積み木はいくつあるでしょうか。右から選んで○をつけてください。

〈時間〉　３分

問題19　分野：制作

Aグループ男子

〈準備〉　紙テープ（青、15cm程度、２本）、
丸シール（黒、３枚）、ひも（赤、１本、20cm）、クーピーペン（黒）、
スティックのり

〈問題〉　これから「おばけボード」を作ってもらいます。
※制作手順については、問題19-１のイラストを参照してください。
※問題19-２のイラストは制作物の台紙として使用してください。

〈時間〉　10分

問題20　分野：制作

Aグループ女子

〈準備〉　画用紙（緑、あらかじめアサガオの葉の枠線が引かれている）、折り紙（青）
丸シール（緑、１枚）、ひも（赤、１本、20cm）、モール（1本、15cm）
クーピーペン（赤）、スティックのり

〈問題〉　これから「アサガオボード」を作ってもらいます。
※制作手順については、問題20-１のイラストを参照してください。
※問題20-２のイラストは制作物の台紙として使用してください。

〈時間〉　10分

問題21　分野：制作

Bグループ男子

〈準備〉　画用紙（緑、楕円の枠線が引かれている）、折り紙（赤・緑）、丸シール（黄・黒各２枚、黒の丸シールの方が黄色より一回り小さい）、
ひも（赤、１本、20cm）、クーピーペン（緑・黒）、スティックのり

〈問題〉　これから「カエルボード」を作ってもらいます。
※制作手順については、問題21-１のイラストを参照してください。
※問題21-２のイラストは制作物の台紙として使用してください。

〈時間〉　10分

問題22　分野：制作　Bグループ女子

〈準備〉　画用紙（白）、画用紙（緑、葉っぱが描かれている）、折り紙（茶・緑）
セロテープ、ひも（赤、１本、20cm）、クーピーペン（黒・赤）、クリップ

〈問題〉　これから「テントウムシと木の筒」を作ってもらいます。
※制作手順については、問題22のイラストを参照してください。

〈時間〉　10分

問題23　分野：制作　Cグループ男子

〈準備〉　画用紙（白・イチョウの葉の形の枠線が引かれている）、折り紙（青）、
ひも（赤、１本、20cm）、クーピーペン（緑・黒）、スティックのり

〈問題〉　これから「イチョウボード」を作ってもらいます。
※制作手順については、問題23-１のイラストを参照してください。
※問題23-２のイラストは制作物の台紙として使用してください。

〈時間〉　10分

問題24　分野：制作　Cグループ女子

〈準備〉　画用紙（魚のイラストが描かれている）、画用紙（緑・ワカメのイラストが描かれている）、折り紙（赤）、ひも（赤、１本、20cm）、クーピーペン（緑・黒）、スティックのり、ゼムクリップ

〈問題〉　これから「川と橋と魚のボード」を作ってもらいます。
※制作手順については、問題24-１のイラストを参照してください。
※問題24-２のイラストは制作物の台紙として使用してください。

〈時間〉　10分

問題25　分野：運動　全グループ

〈準備〉　なし

〈問題〉　・クマ歩き
U字型の線に沿って１人ずつクマ歩きをする。
できるだけ早く歩く。
前の子がトラックの半分を過ぎたら、次の子はスタートラインに立つ。
線の内側に入ってはいけない。
待っている間は、静かに待機する。

〈時間〉　適宜

問題26　分野：口頭試問

全グループ

〈準備〉　クーピーペン、画用紙

〈問題〉　**この問題の絵はありません。**

①（制作のテストの後にクーピーペン、画用紙を渡される）自由にお絵かきをしてください。

②2～3人ずつ別会場に呼び出され、以下の質問のうち2つが聞かれる。

・今日は誰と来ましたか。
・好きな動物を2つ言ってください。
・生年月日を答えてください。
・今から言う通りに言ってください。「あいうえお、さしすせそ、なにぬねの」
・お父さんは何の仕事をしていますか。
・何の絵を描きましたか。
・朝なにを食べてきましたか。
・お母さんの作ってくれる料理で好きなものはなんですか。
・お友だちの2人の名前を言ってください。

〈時間〉　適宜

家庭学習のコツ④　効果的な学習方法～お子さまの今の実力を知る

1年分の問題を解き終えた後、「家庭学習ガイド」に掲載されているレーダーチャートを参考に、目標への到達度をはかってみましょう。また、あわせてお子さまの得意・不得意の見きわめも行ってください。苦手な分野の対策にあたっては、お子さまに無理をさせず、理解度に合わせて学習するとよいでしょう。

問題 1

①

②

③

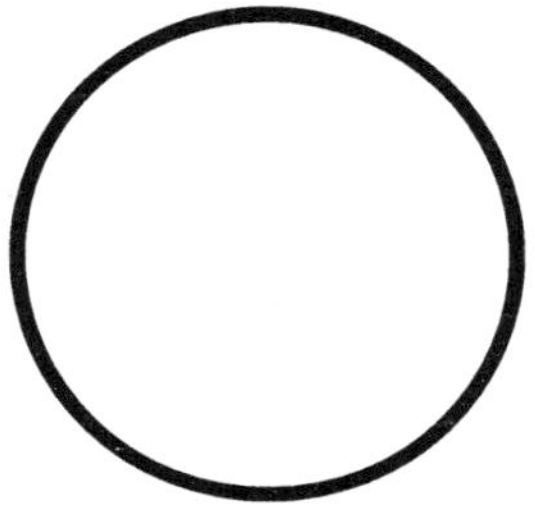

④

⑤

⑥

⑦

⑧

問題2

①

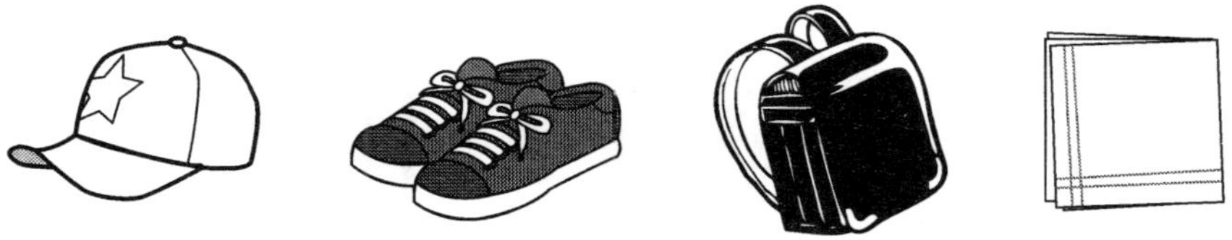

②

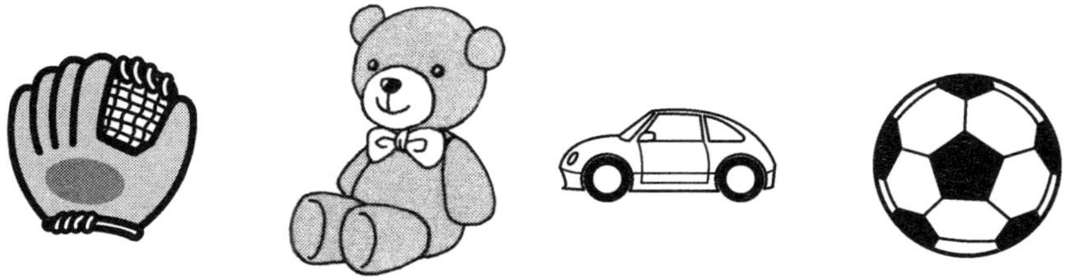

③

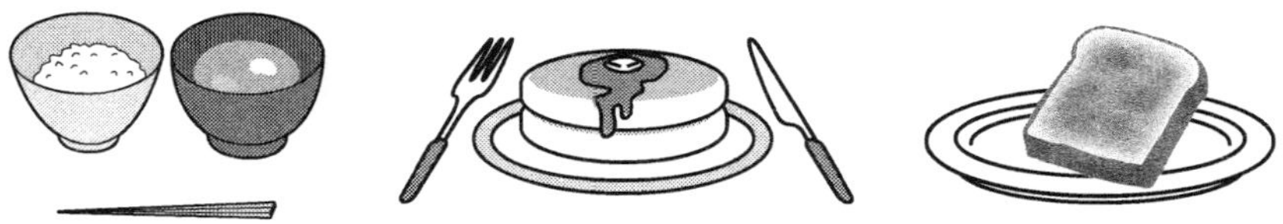

④

⑤

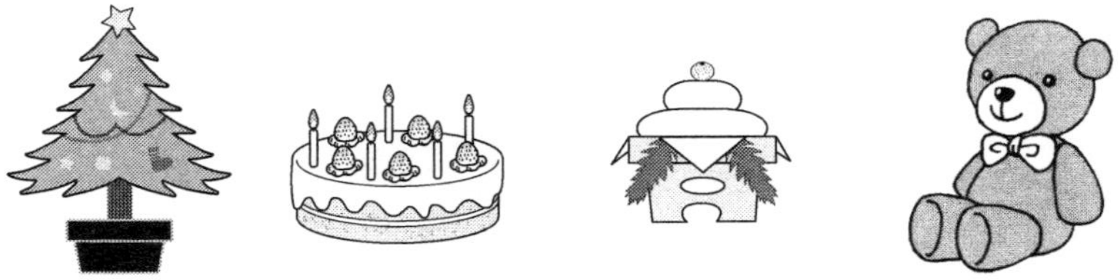

⑥

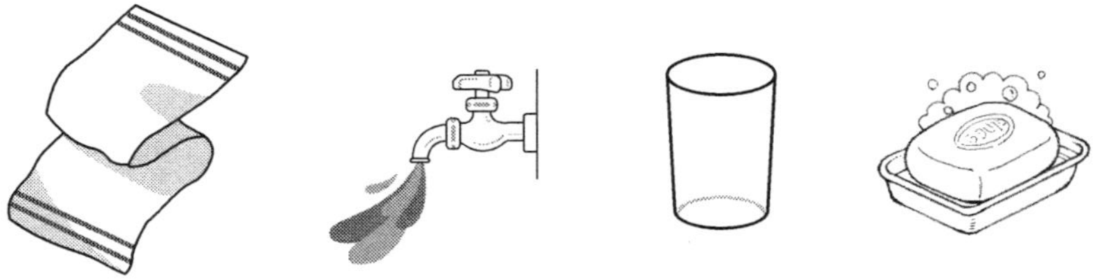

⑦

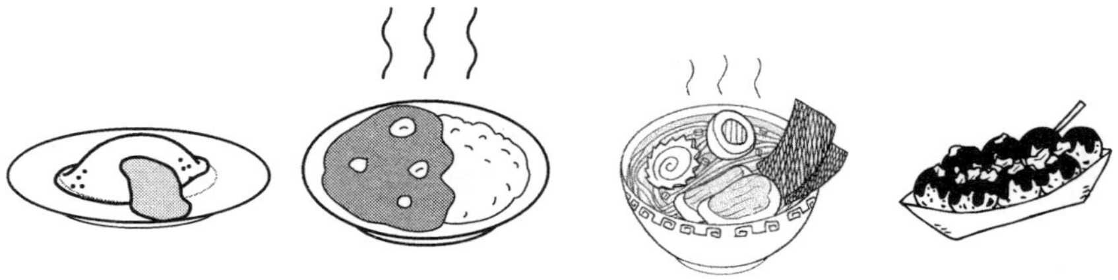

⑧

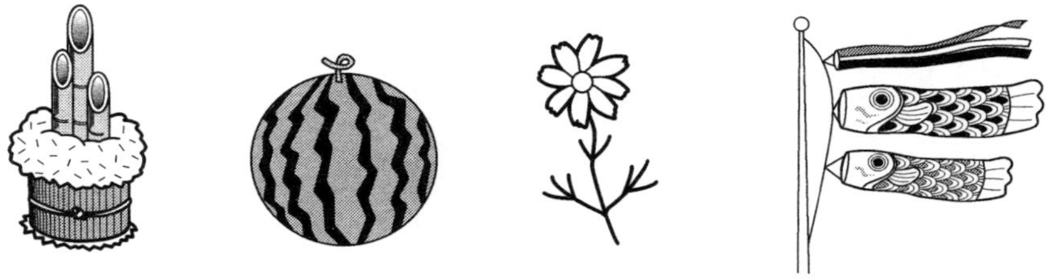

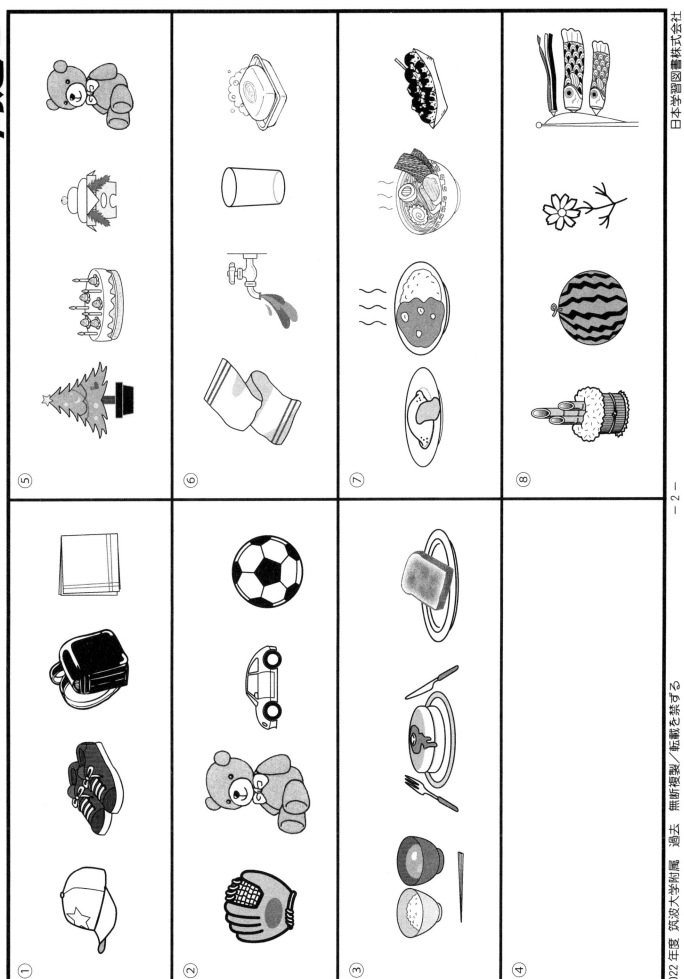

問題3

①

②

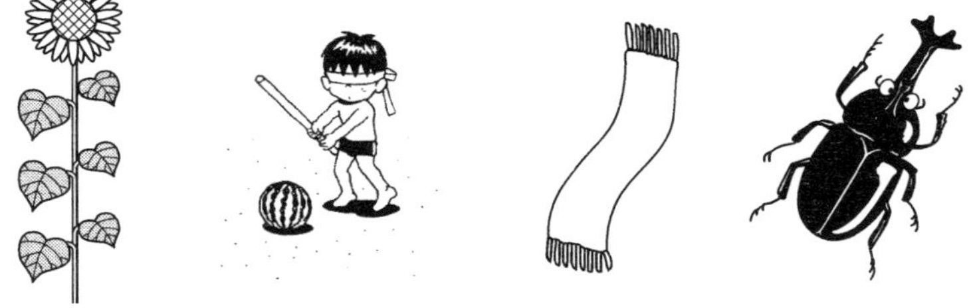

③

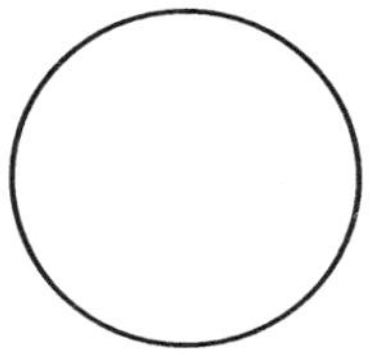

④

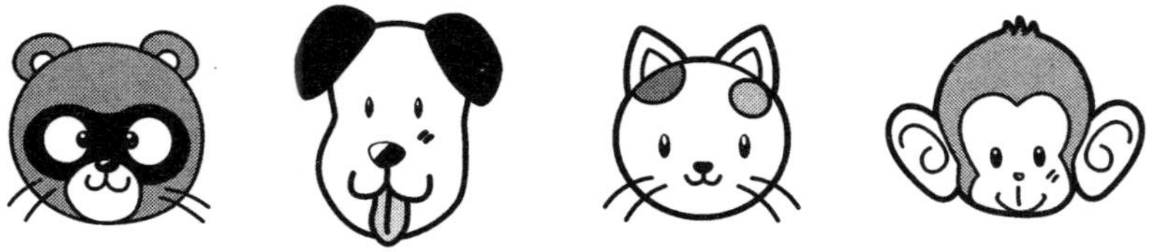

⑤

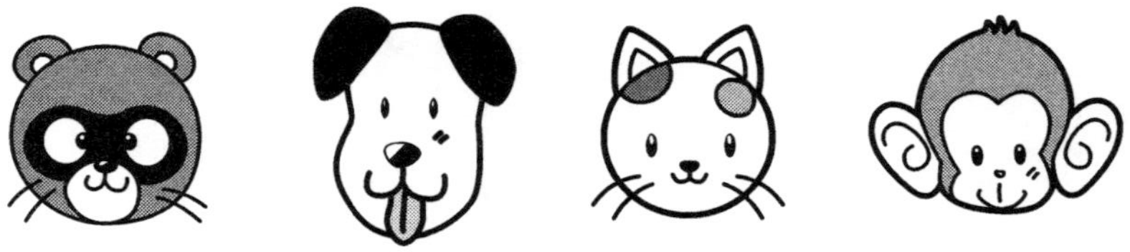

⑥

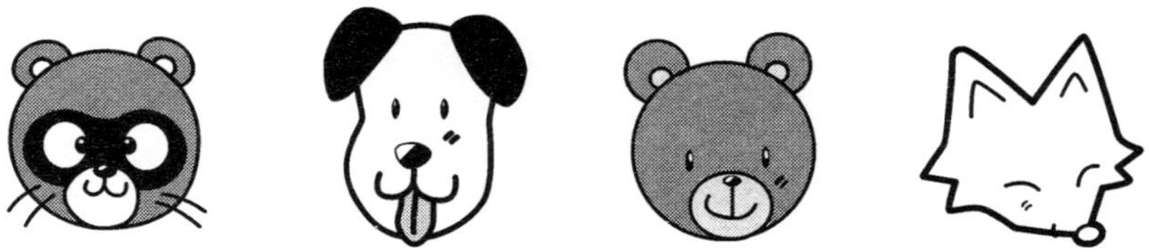

⑦

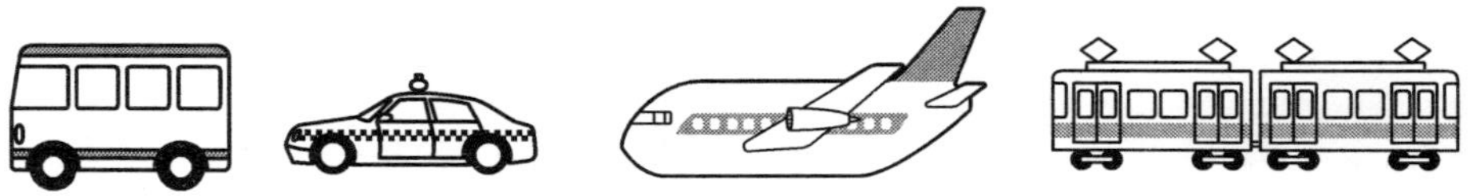

⑧

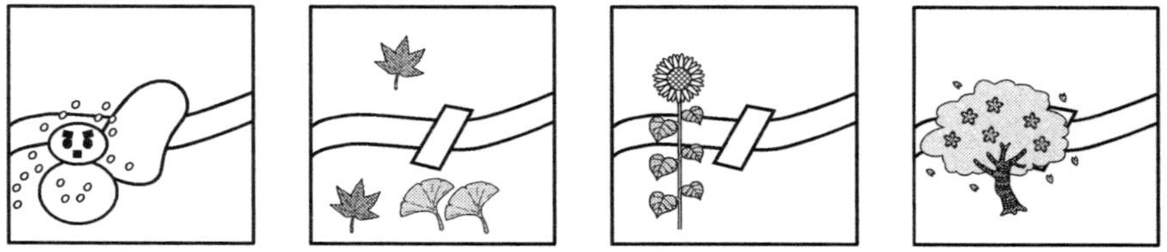

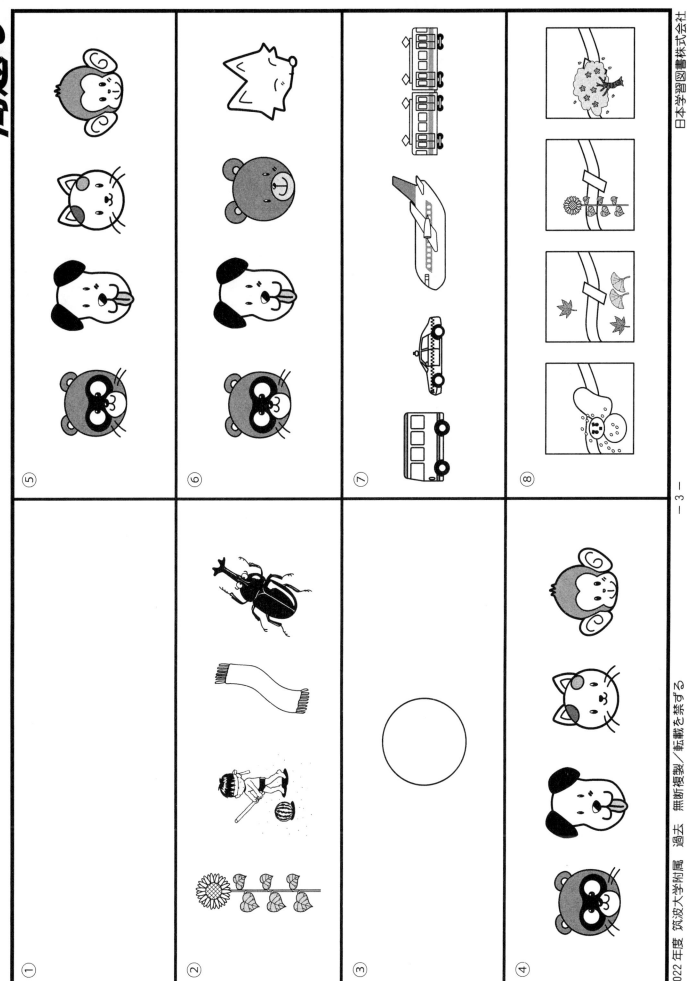

問題 4

①

②

③

④

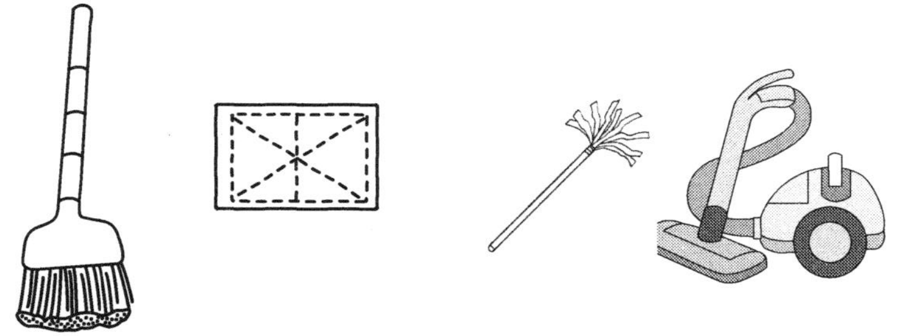

⑤

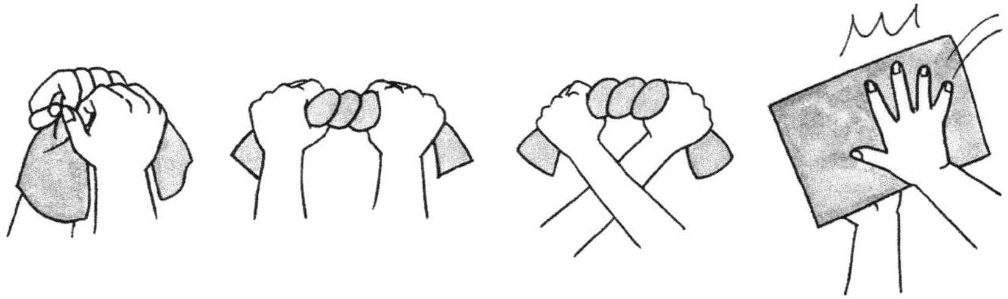

⑥

⑦

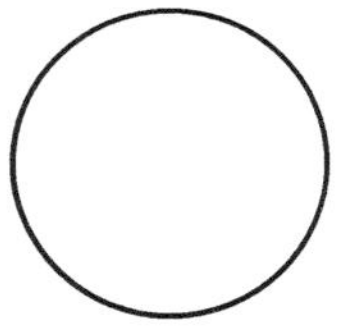

⑧

問題5

①

②

③

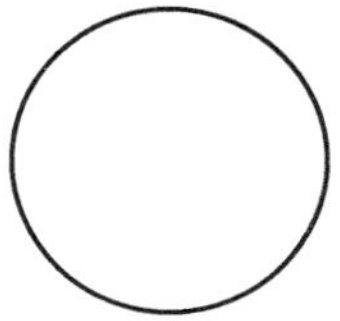

④

⑤

⑥

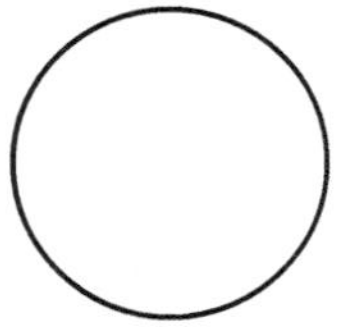

⑦

⑧

問題6

①

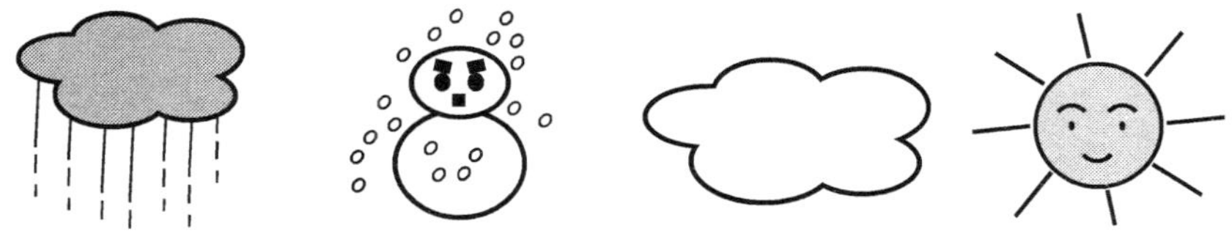

②

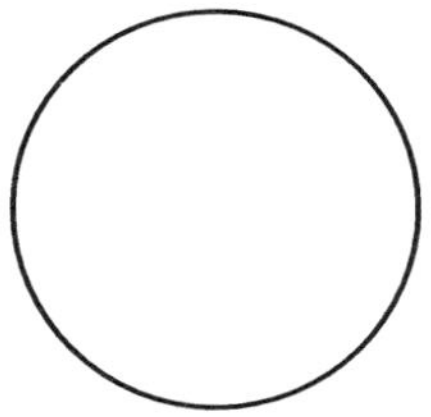

③

④

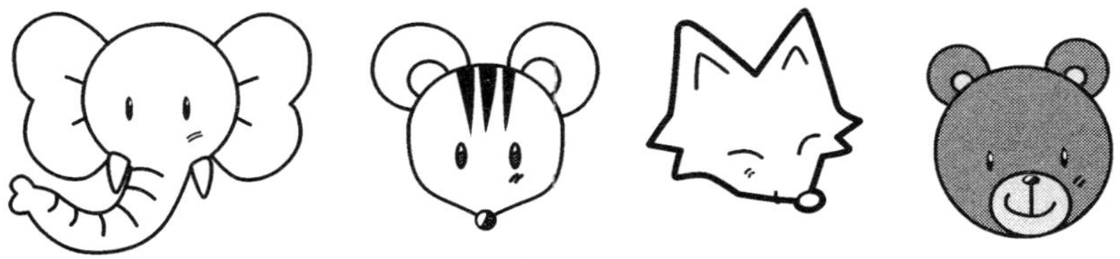

⑤

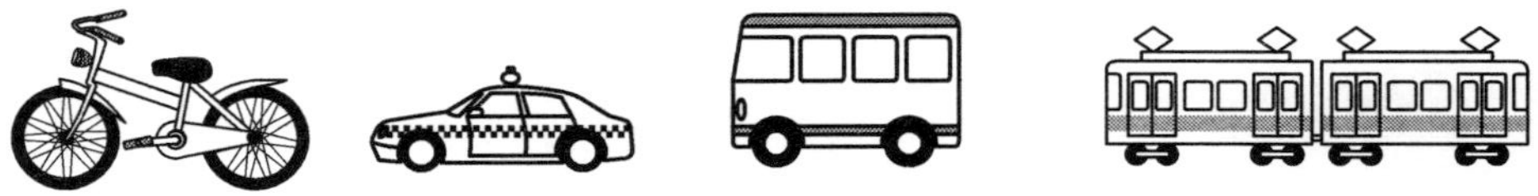

⑥

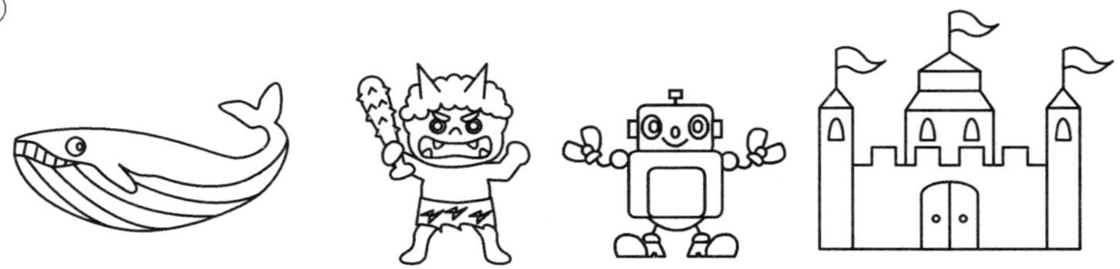

⑦

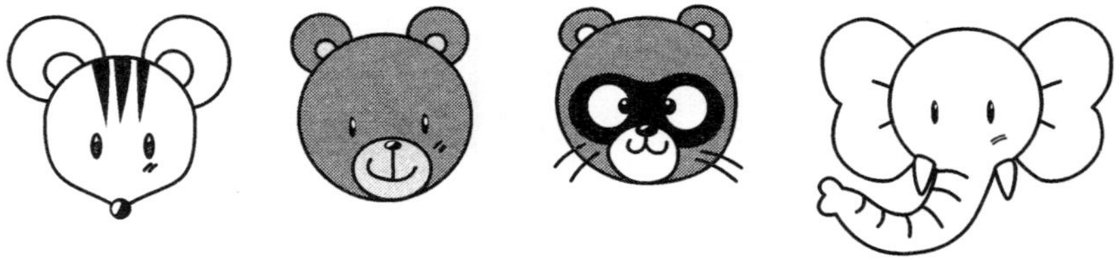

⑧

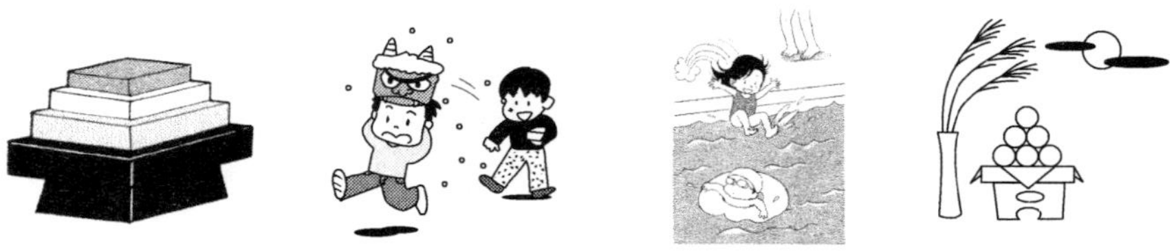

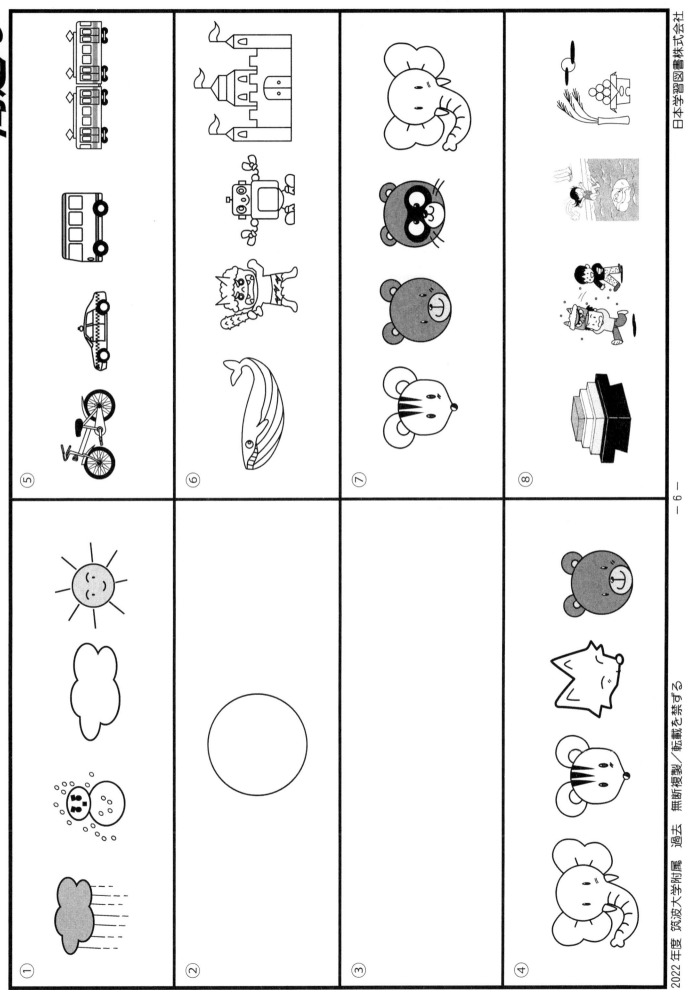

問題7-1

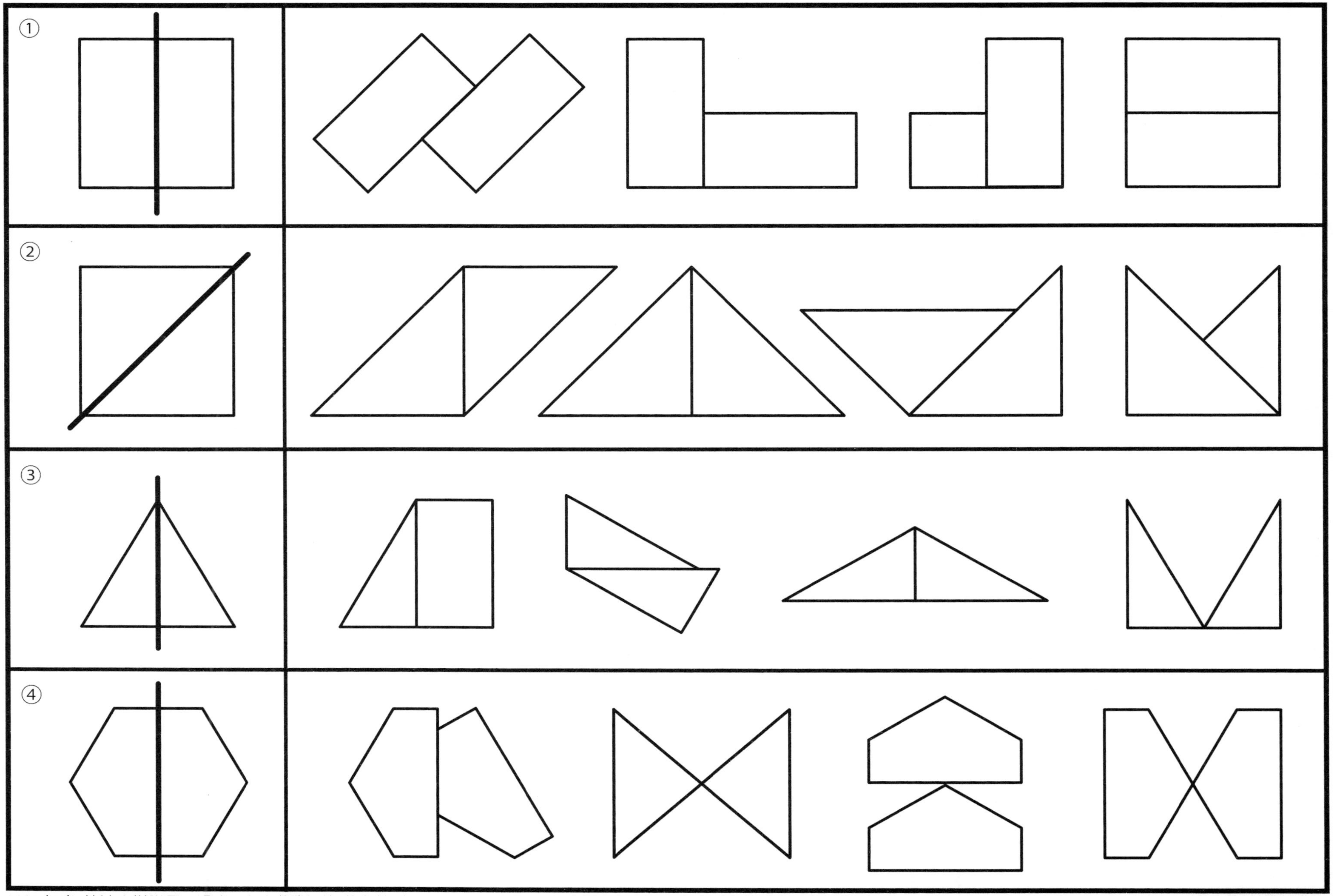

2022年度 筑波大学附属 過去 無断複製／転載を禁ずる 日本学習図書株式会社

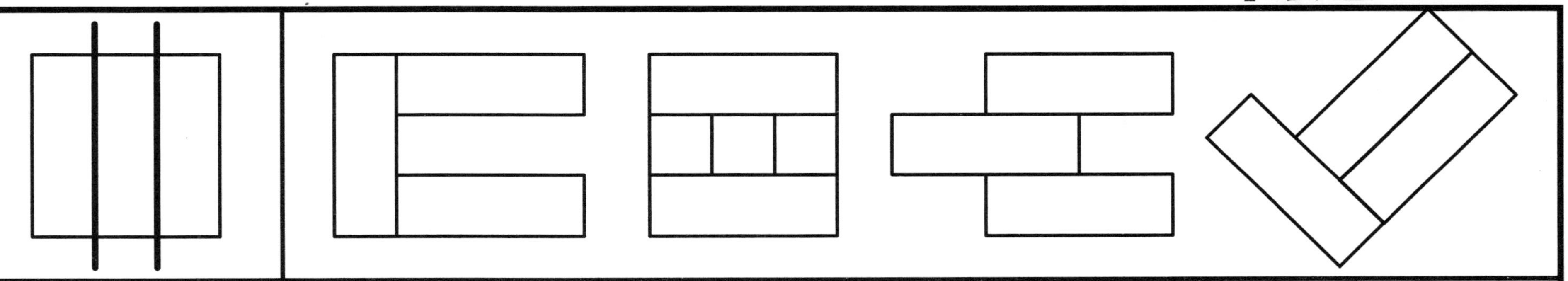

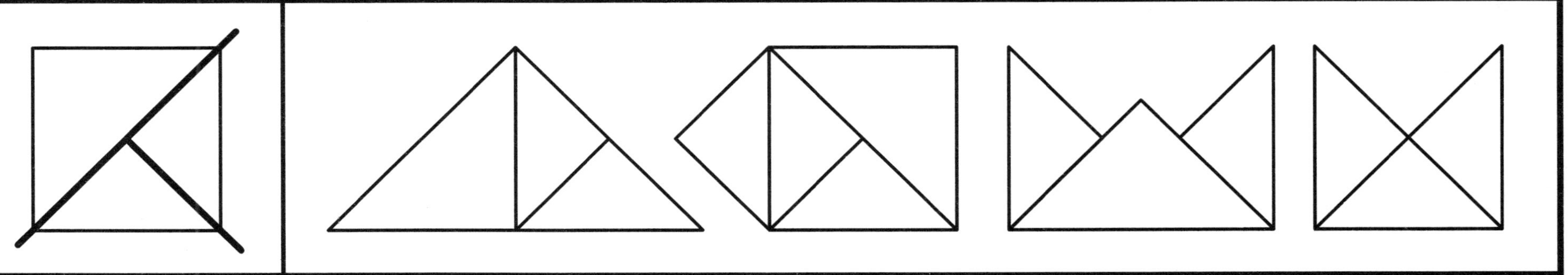

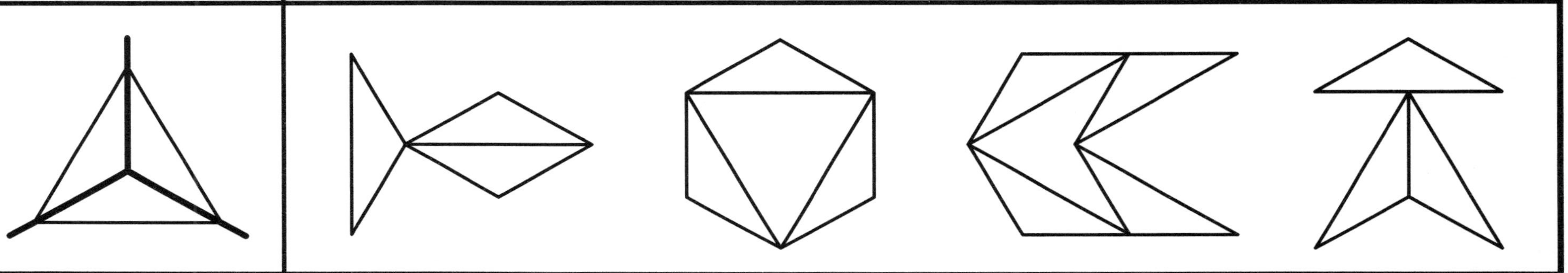

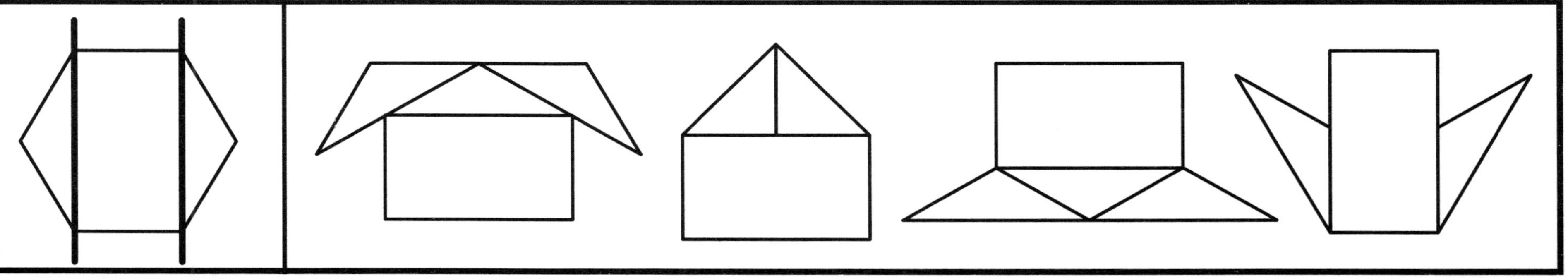

日本学習図書株式会社

2022 年度 筑波大学附属　過去　無断複製／転載を禁ずる

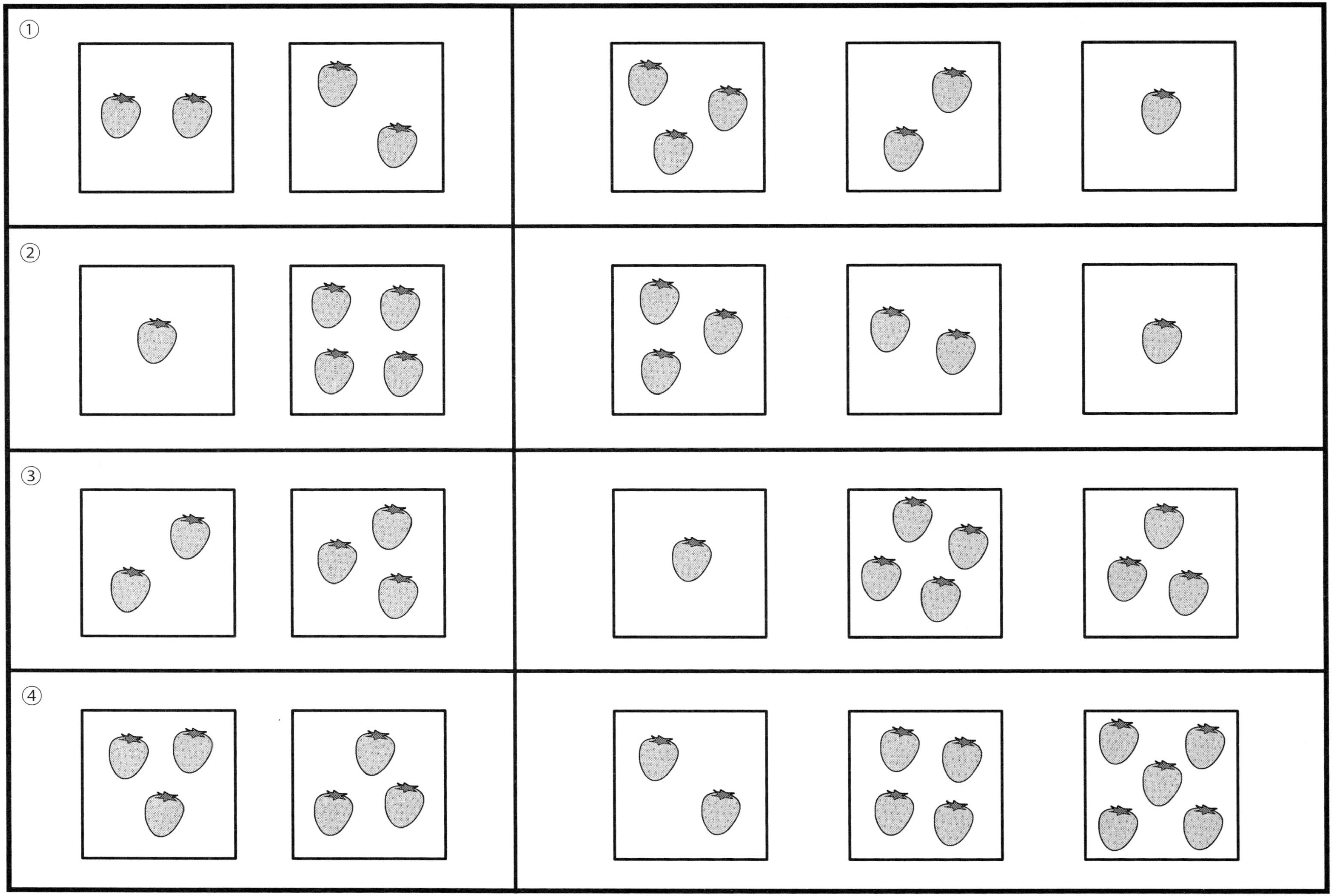

問題 8-2

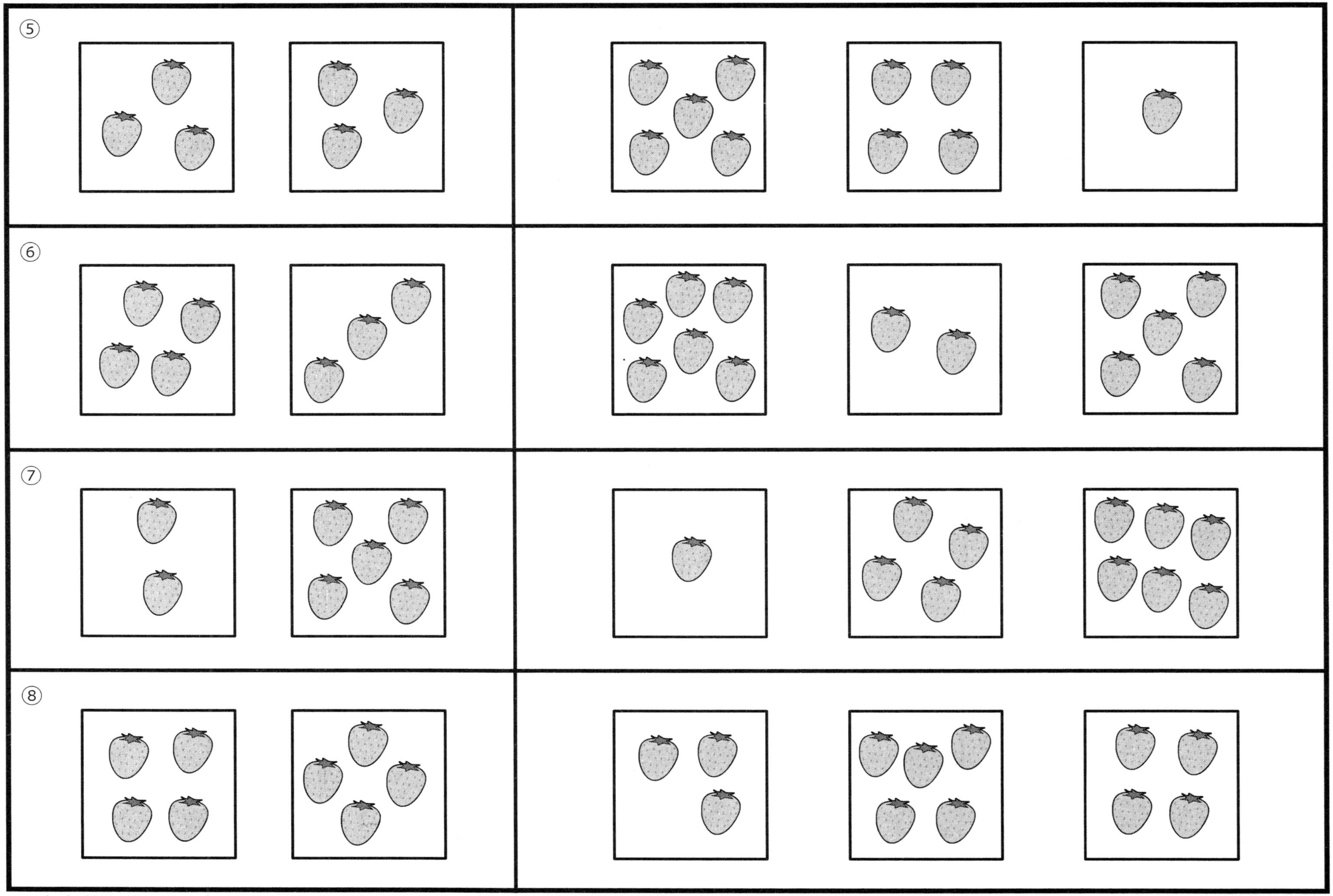

問題9－1

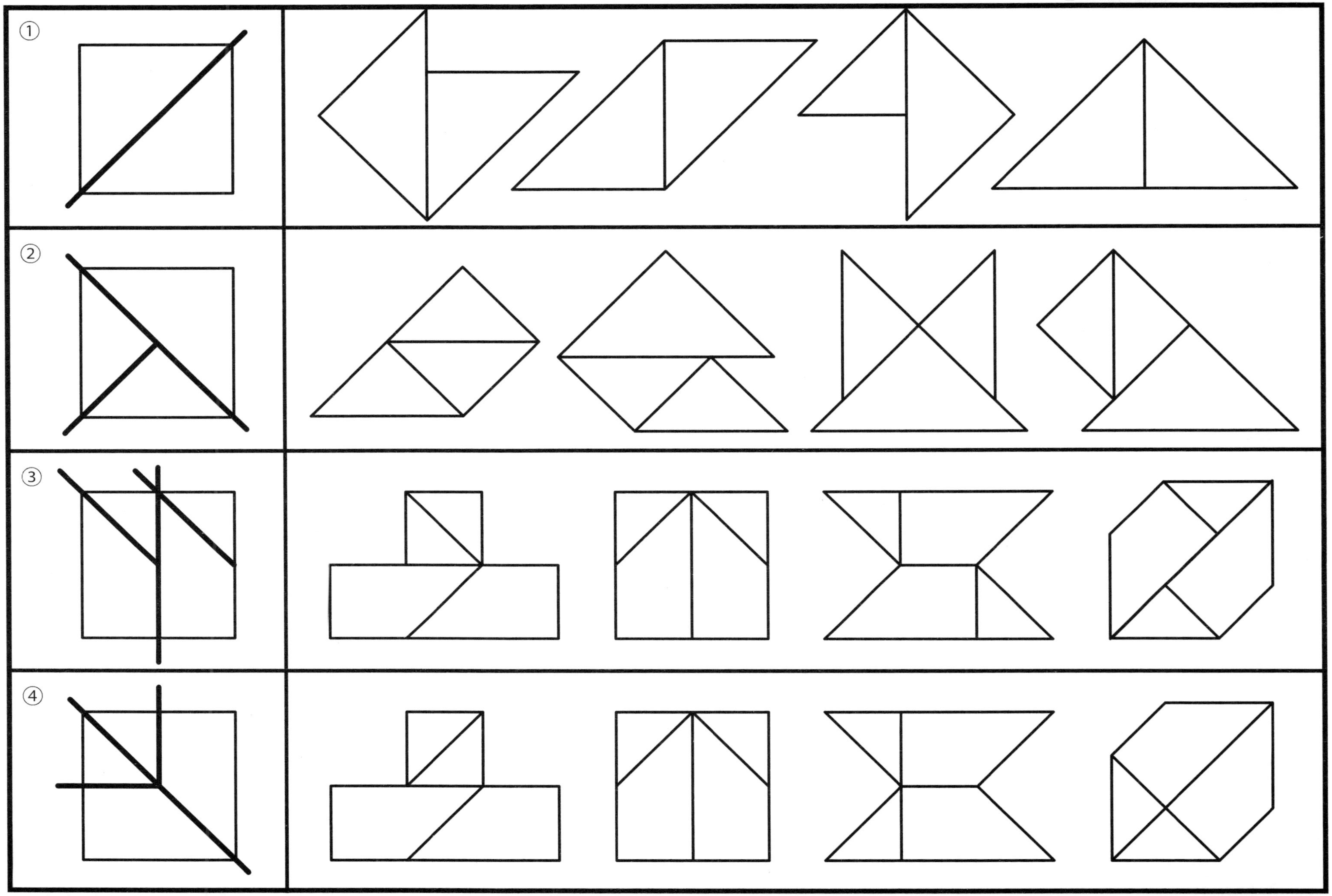

日本学習図書株式会社　2022年度 筑波大学附属 過去　無断複製／転載を禁ずる

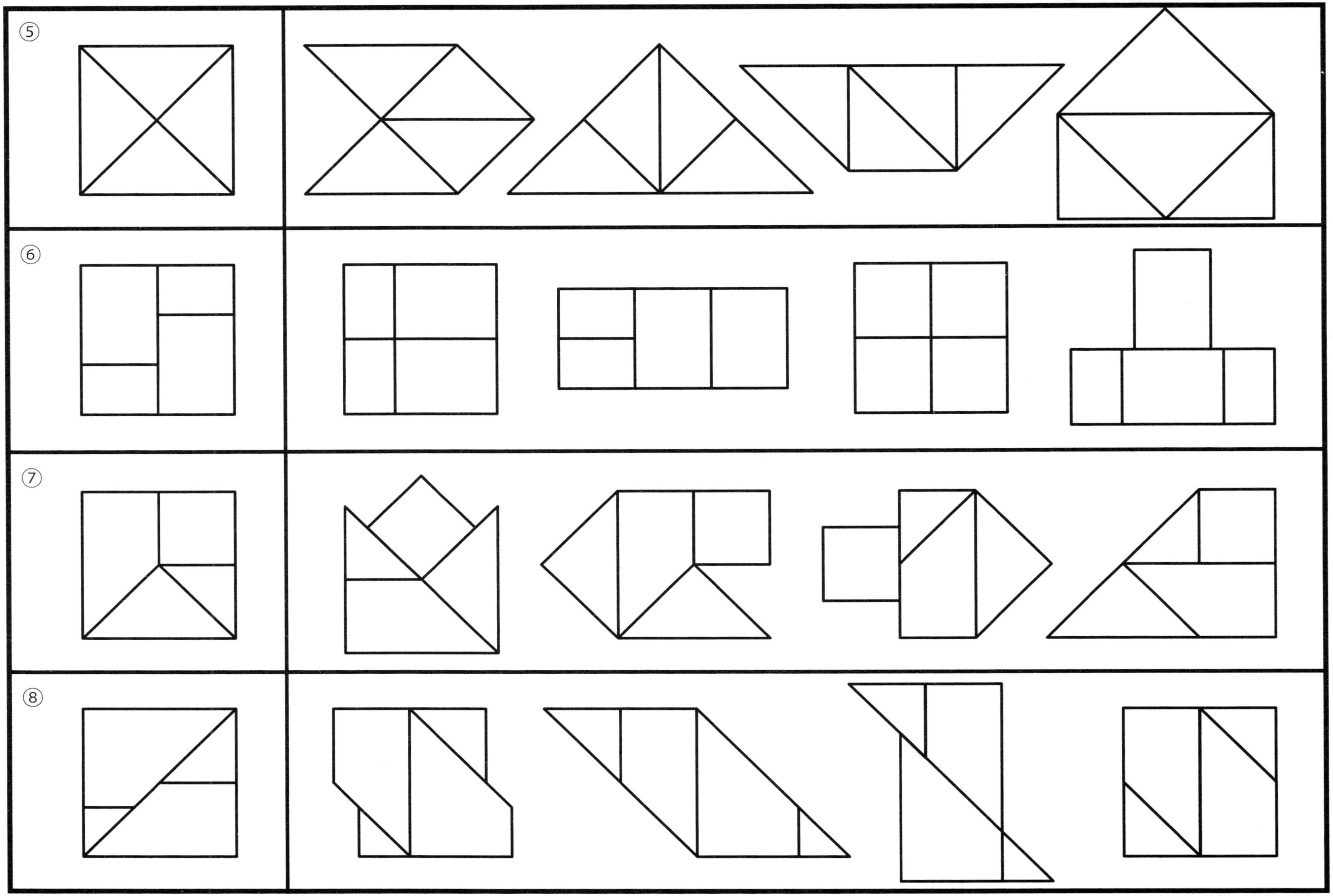

問題10−1

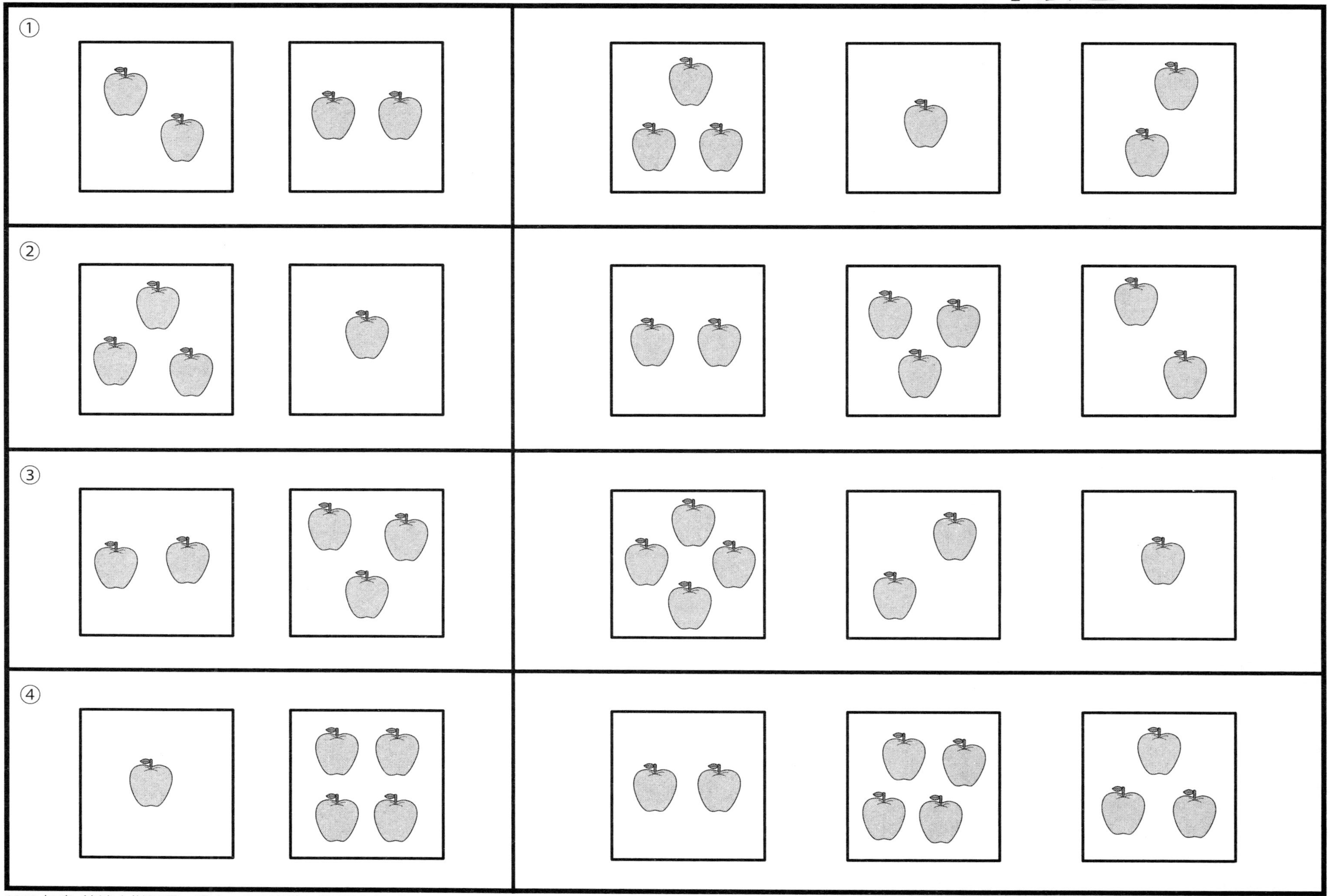

　

問題10−2

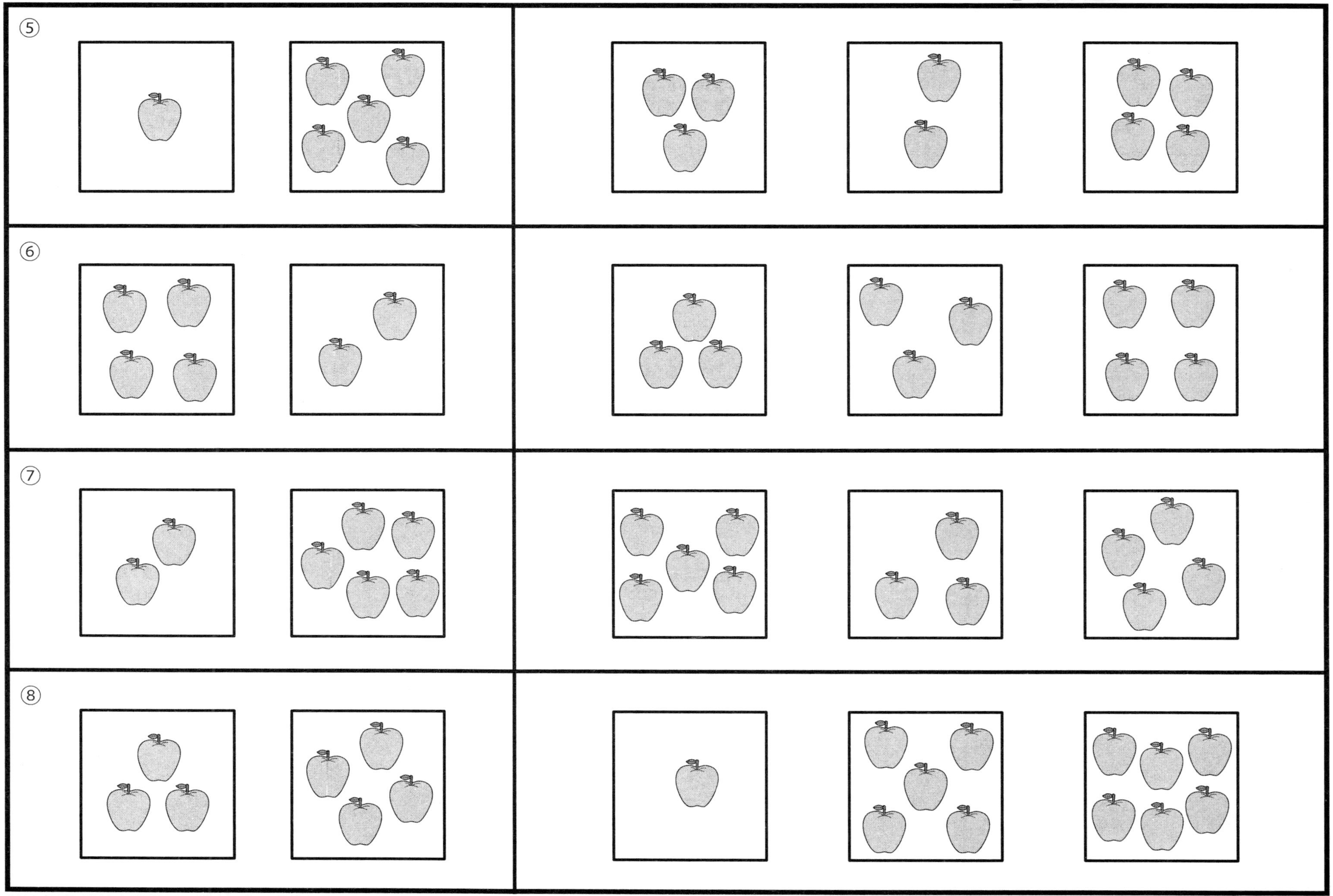

問題１１

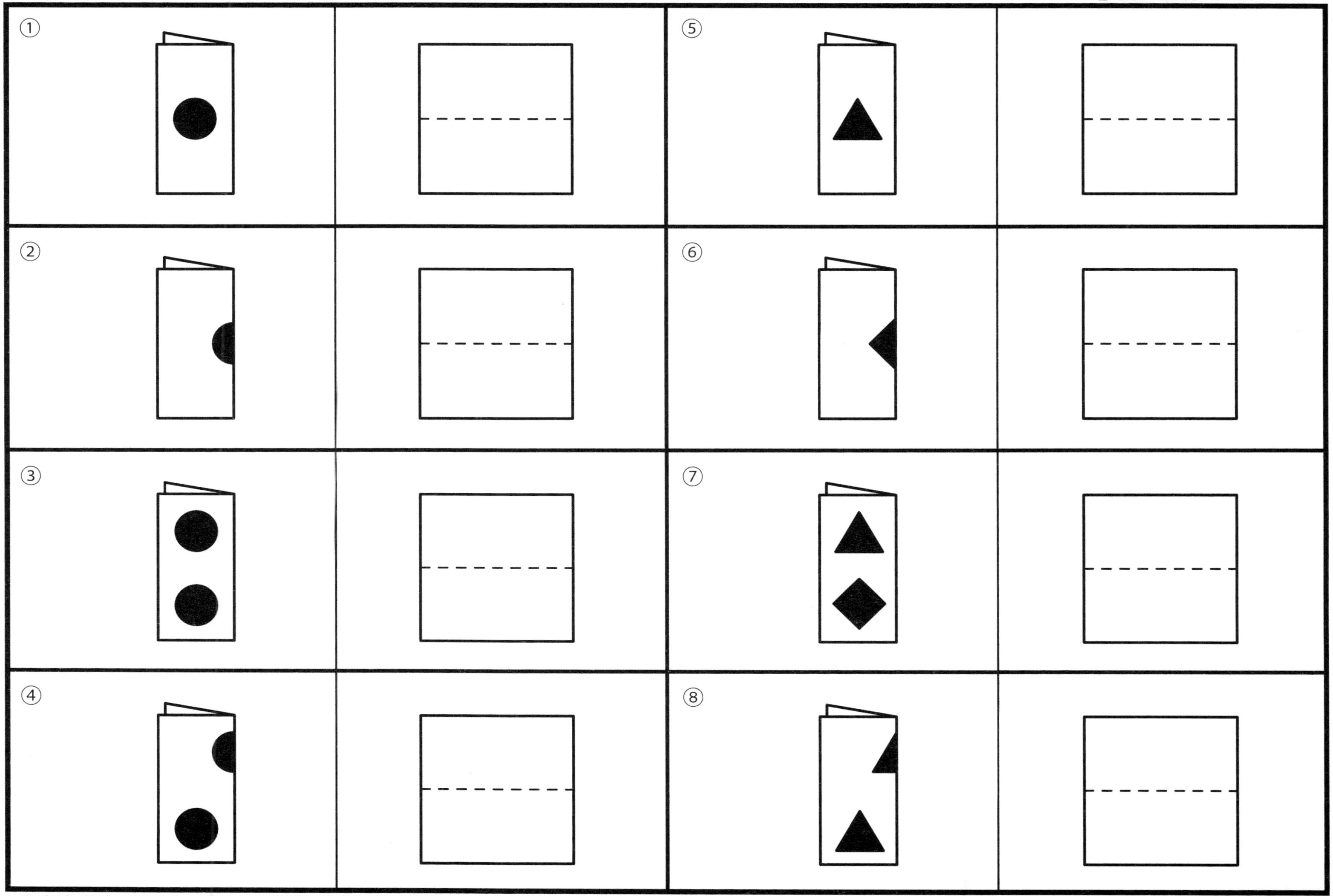

問題12

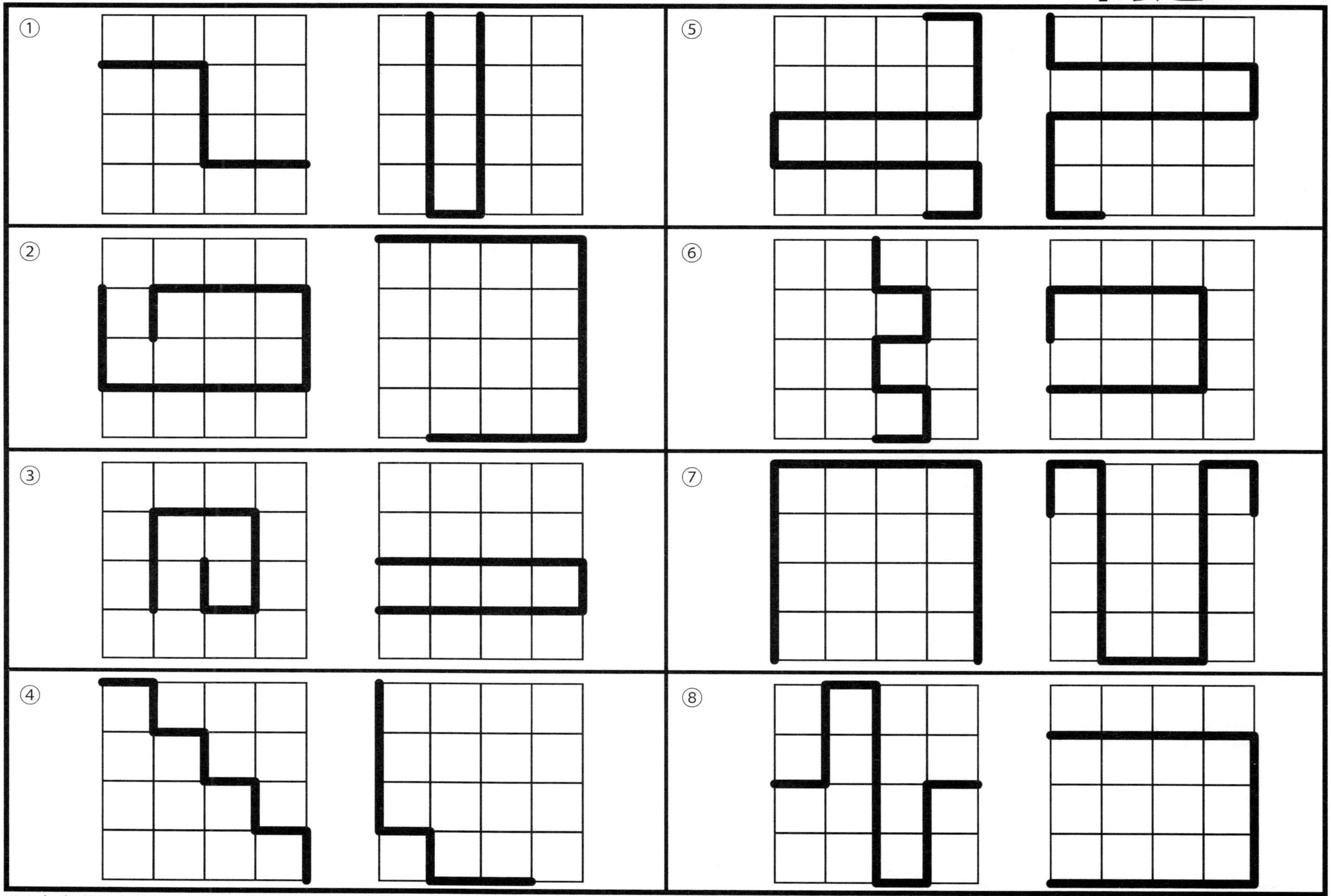

問題１３

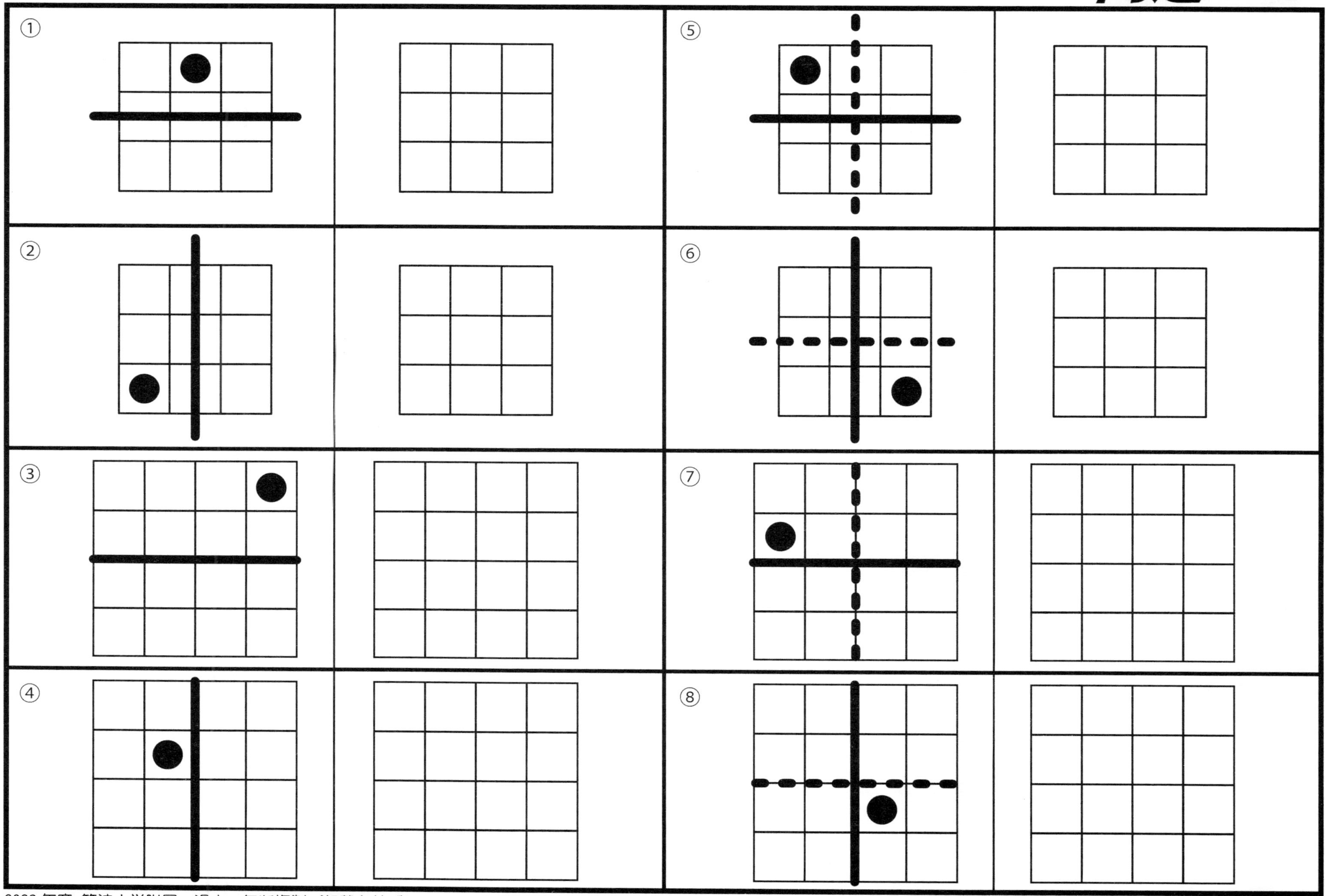

問題１４

①

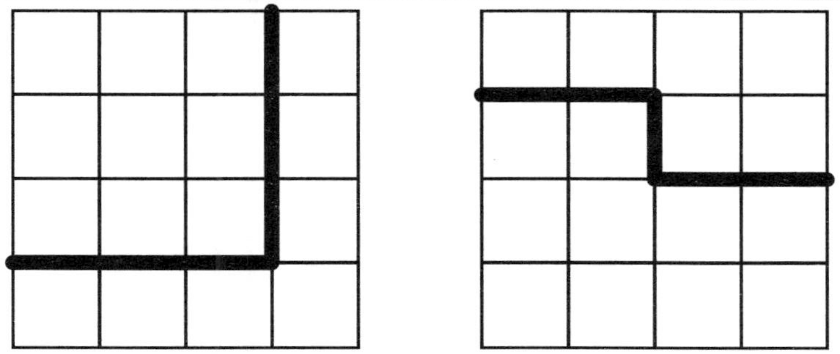

②

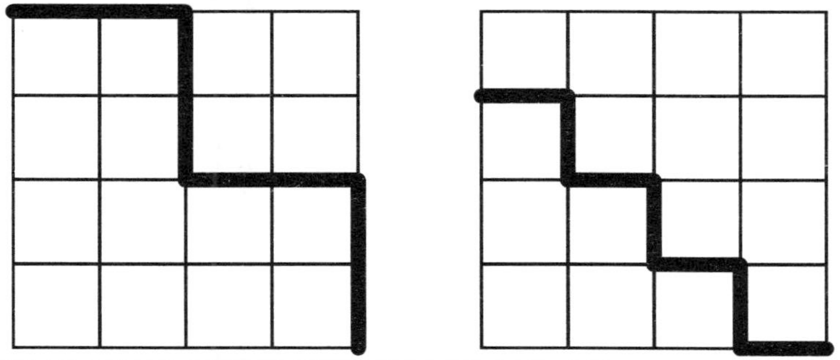

③

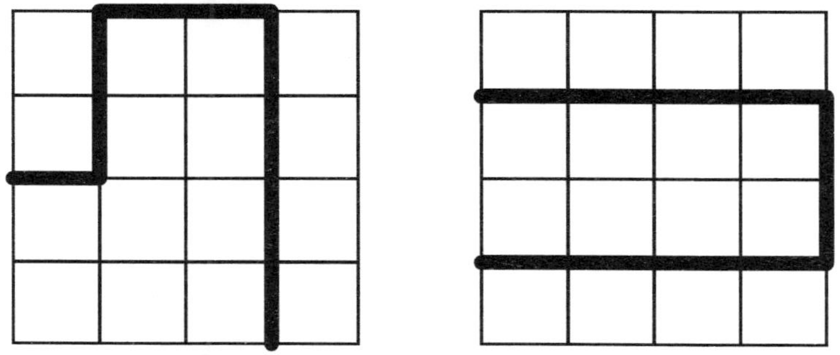

④

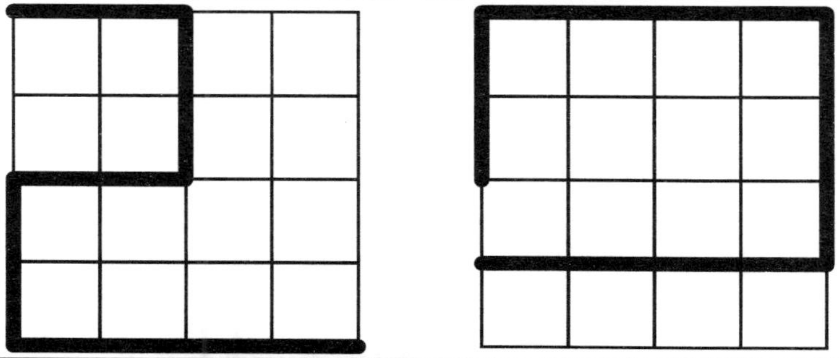

⑤

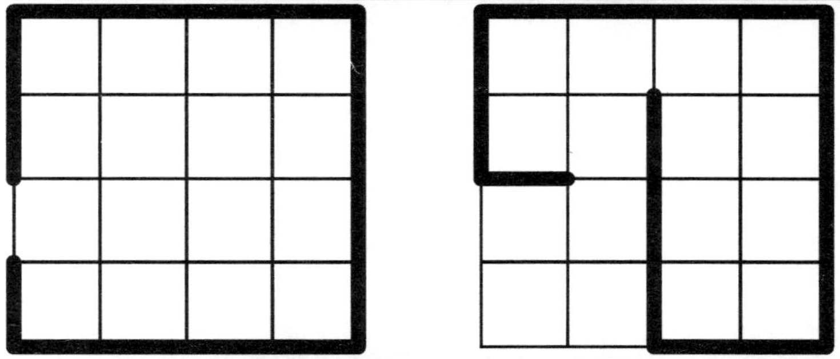

⑥

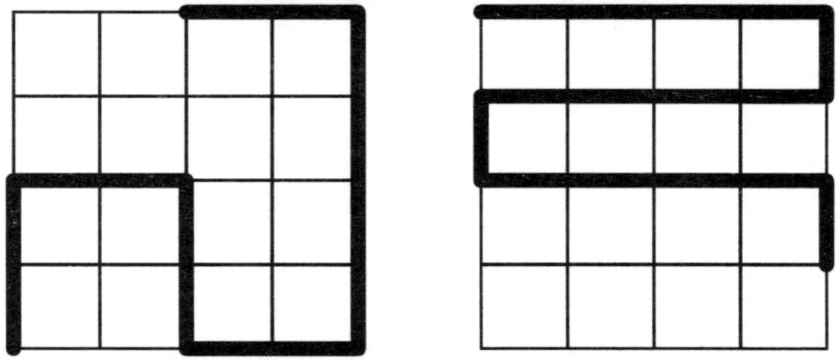

⑦

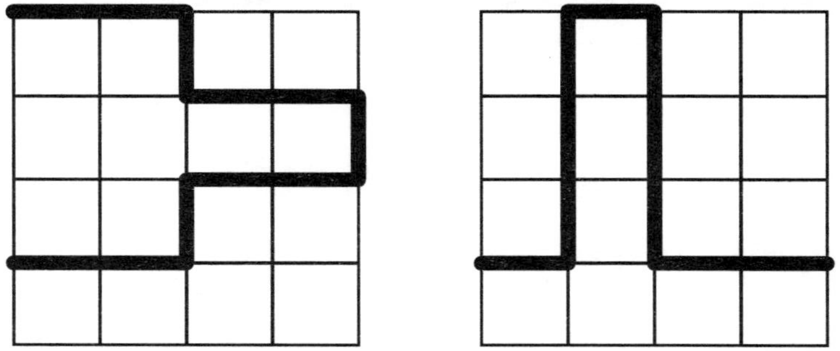

⑧

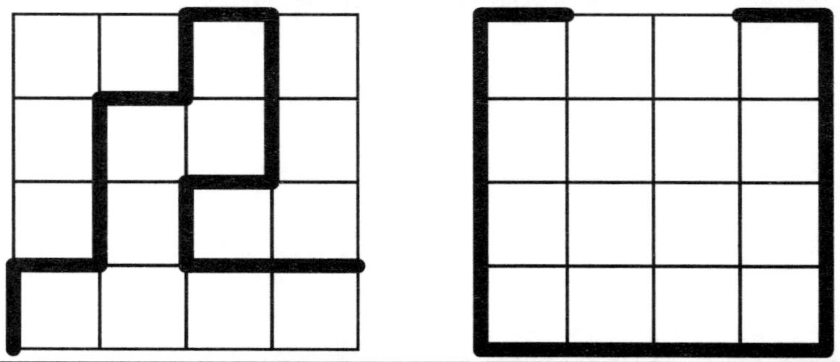

問題１５−１

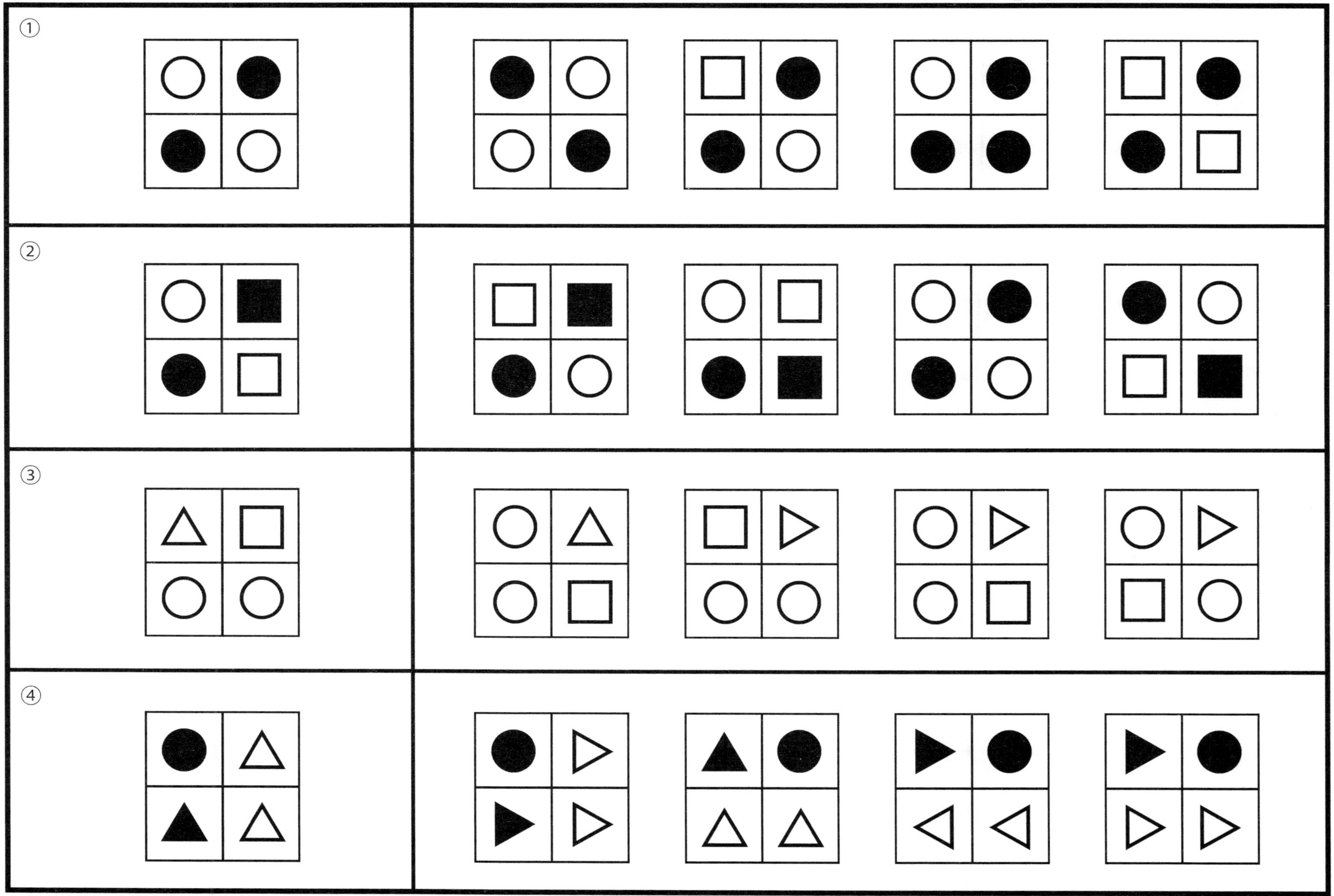

問題15－2

⑤

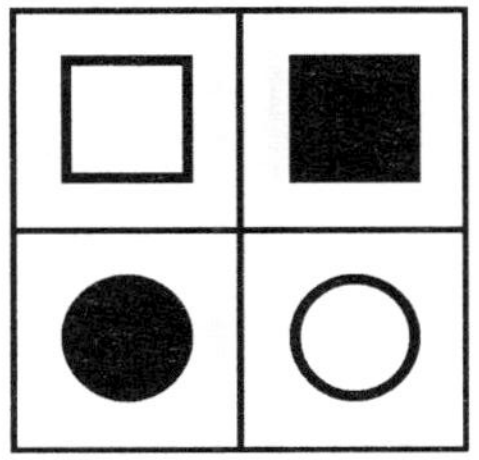

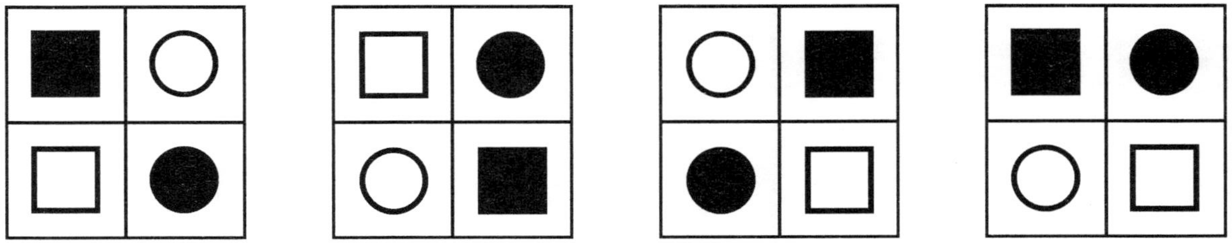

⑥

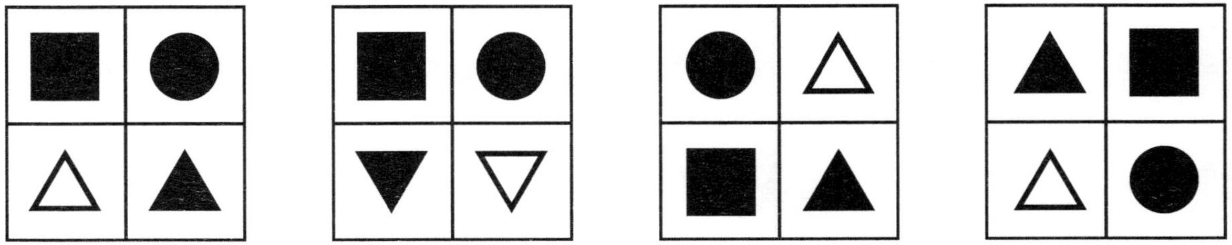

⑦

⑧

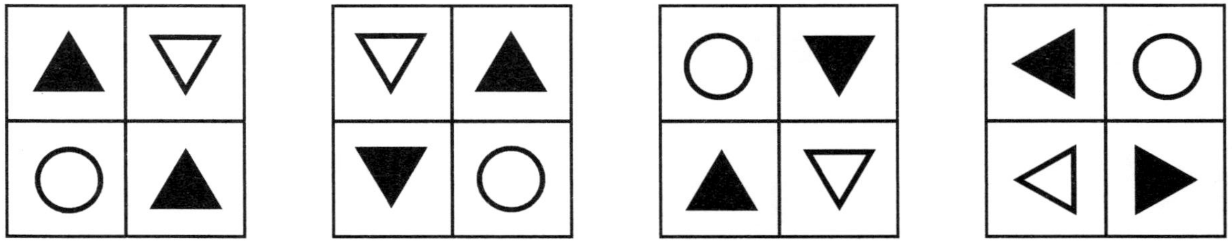

問題16−1

①

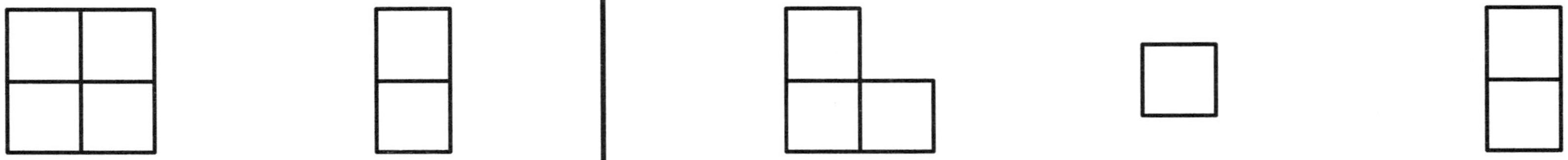

②

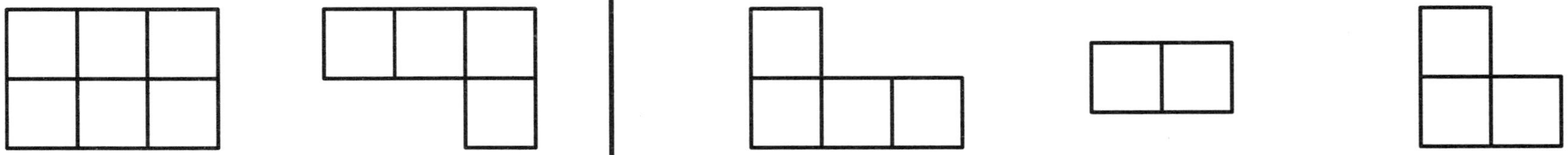

③

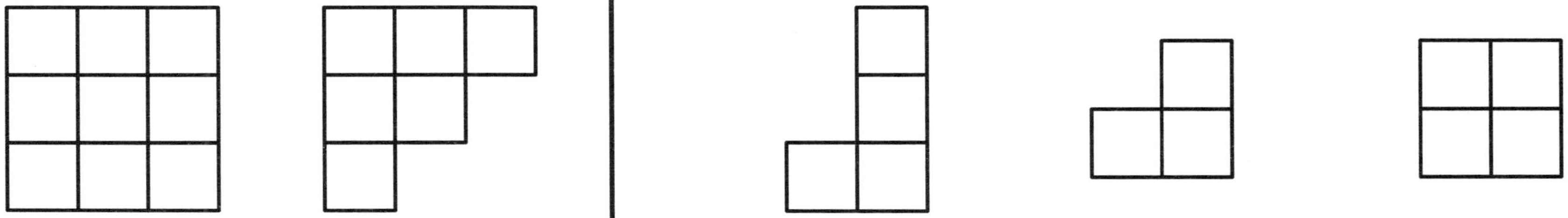

④

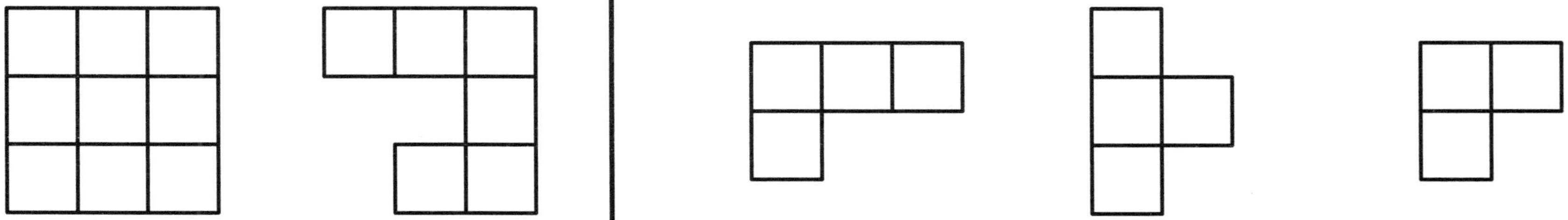

問題16-2

⑤

⑥

⑦

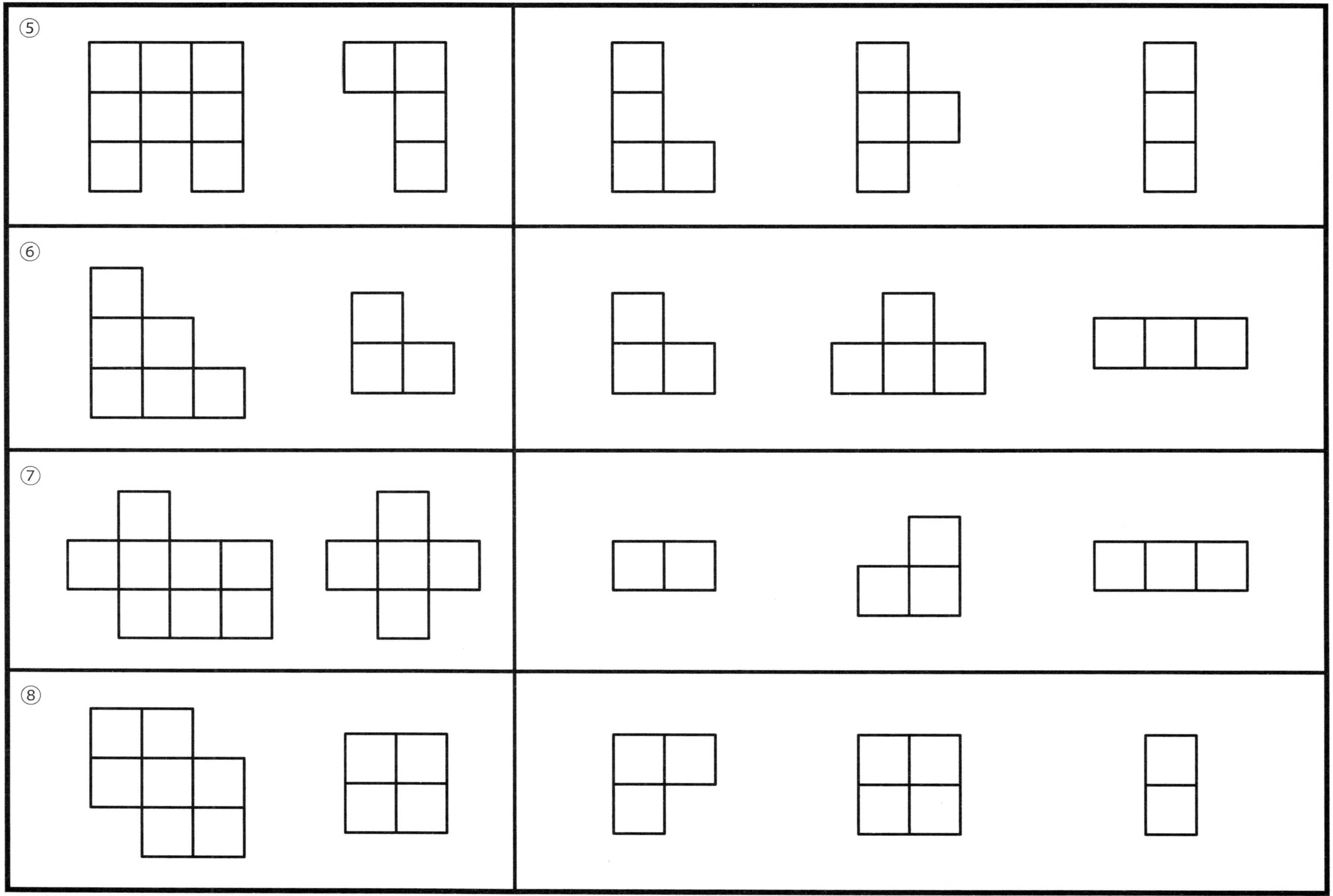

2022 年度 筑波大学附属 過去 無断複製／転載を禁ずる 日本学習図書株式会社

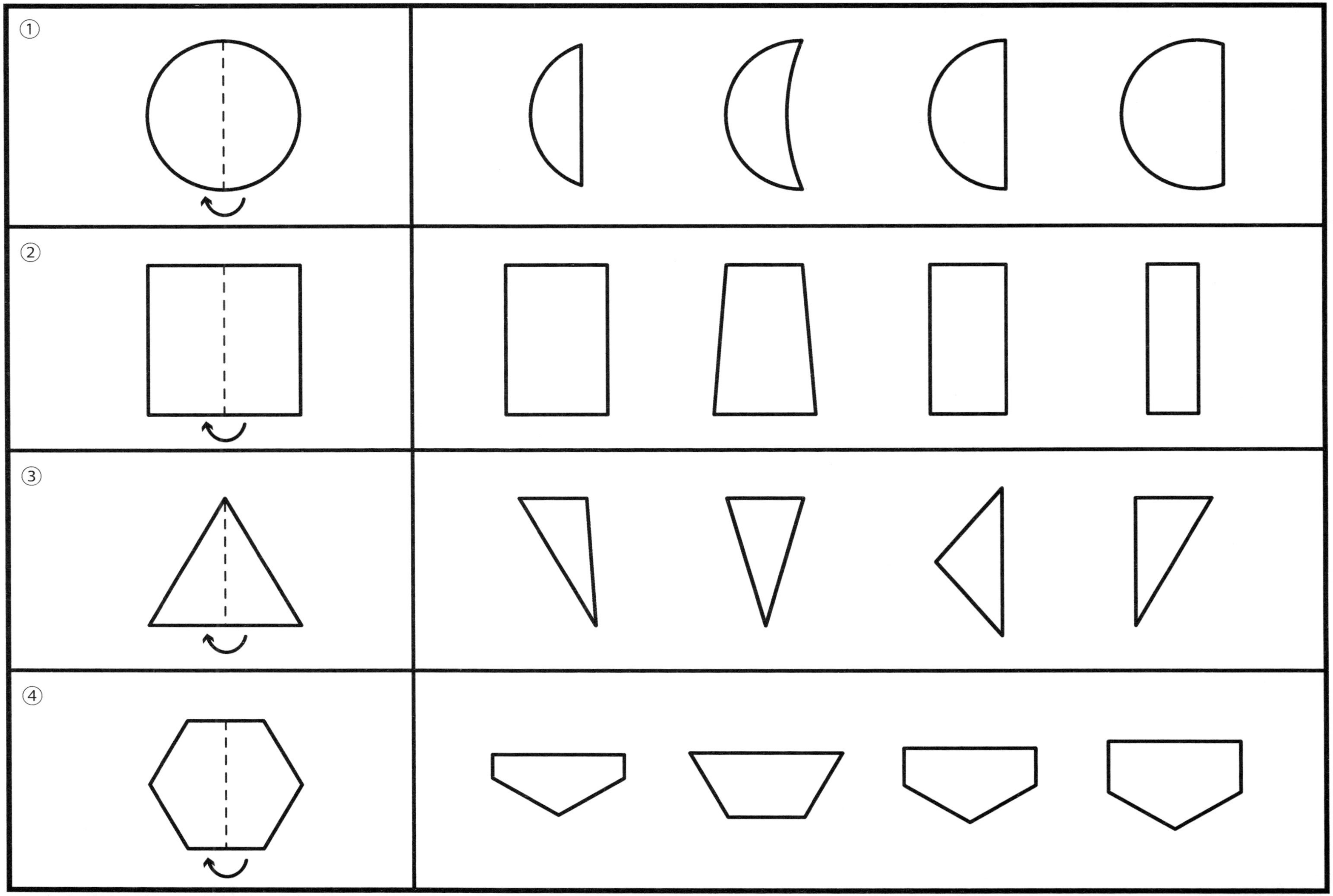

2022年度 筑波大学附属 過去 無断複製/転載を禁ずる 日本学習図書株式会社

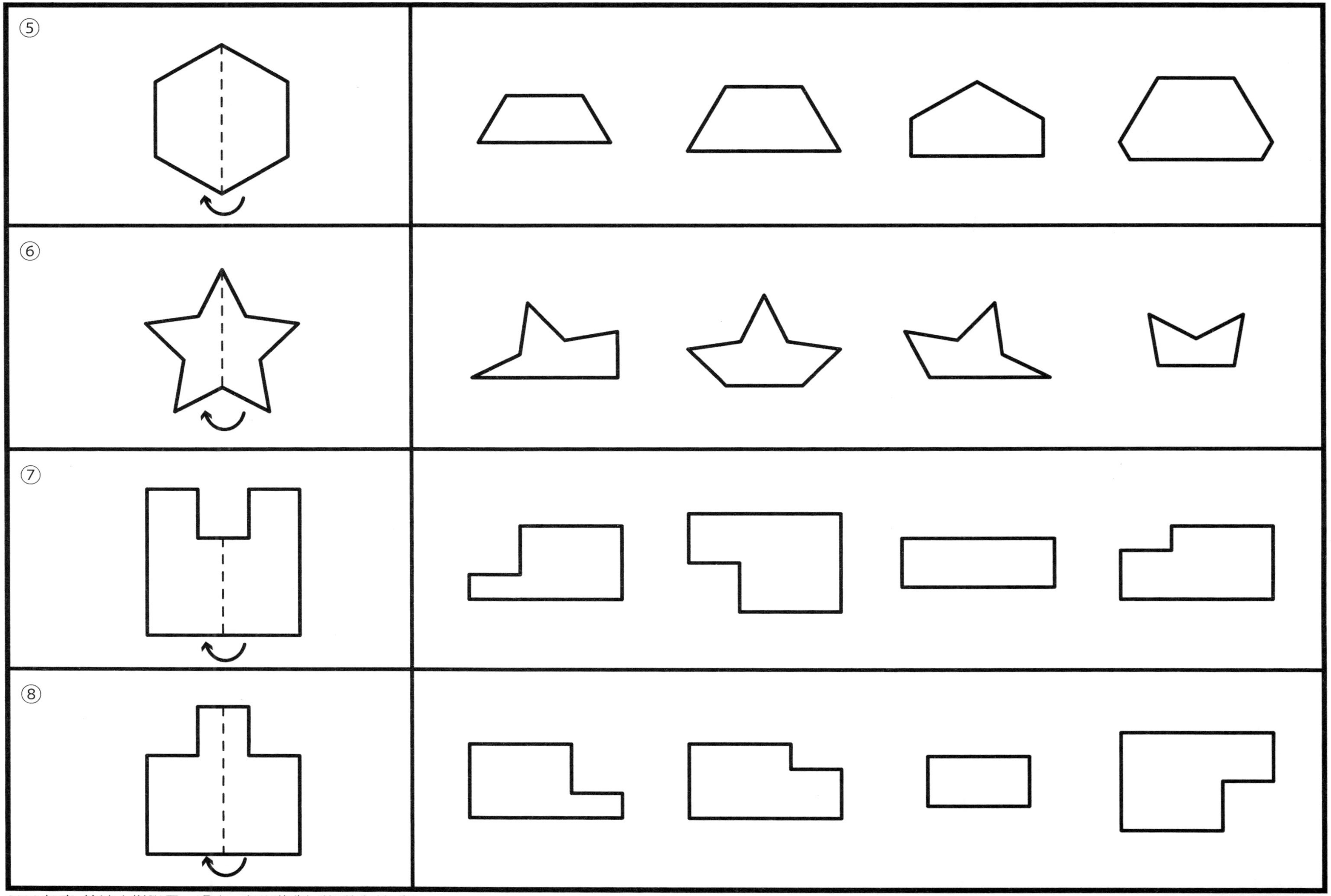

2022 年度 筑波大学附属 過去 無断複製／転載を禁ずる　　日本学習図書株式会社

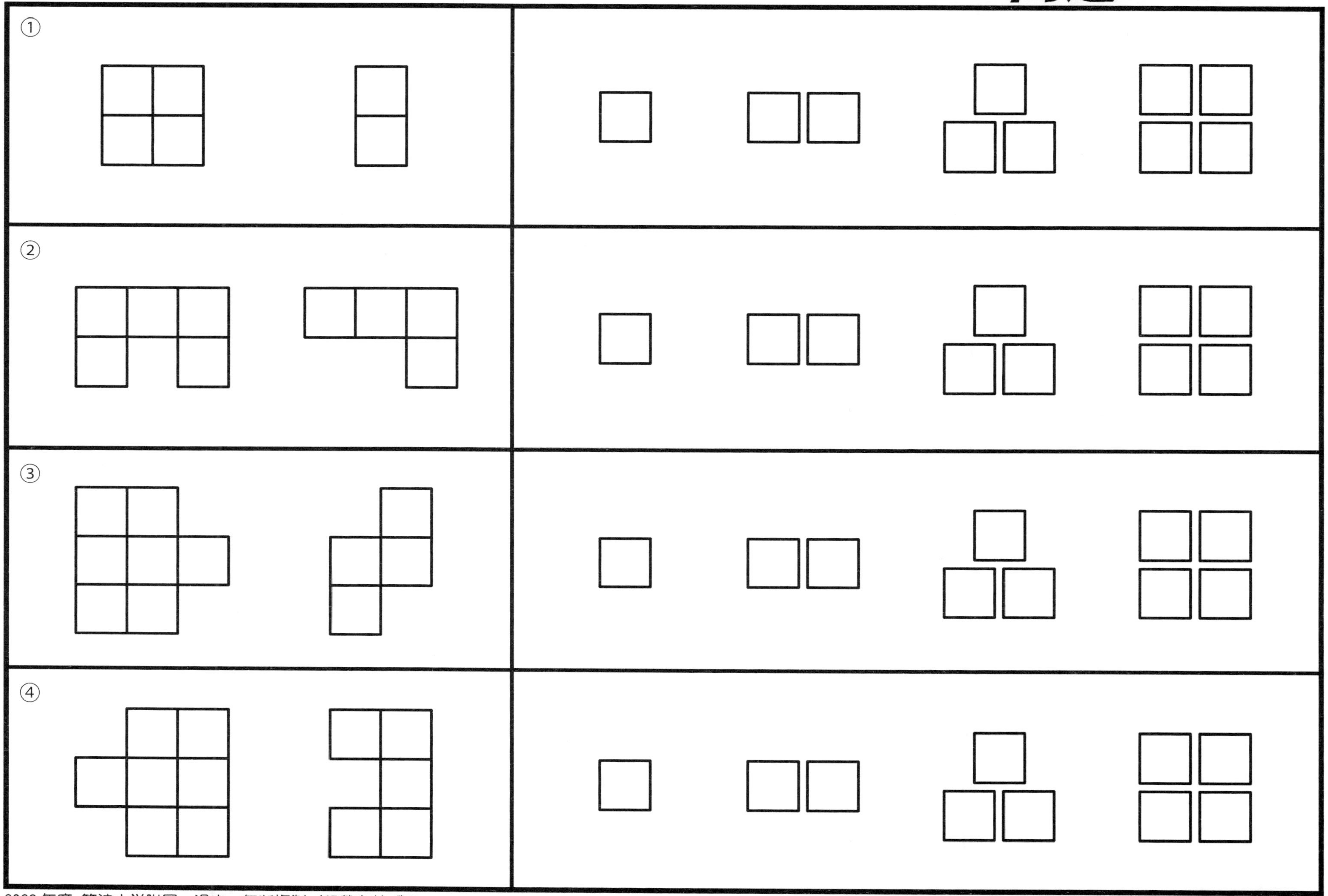

問題18-2

⑤

⑥

⑦

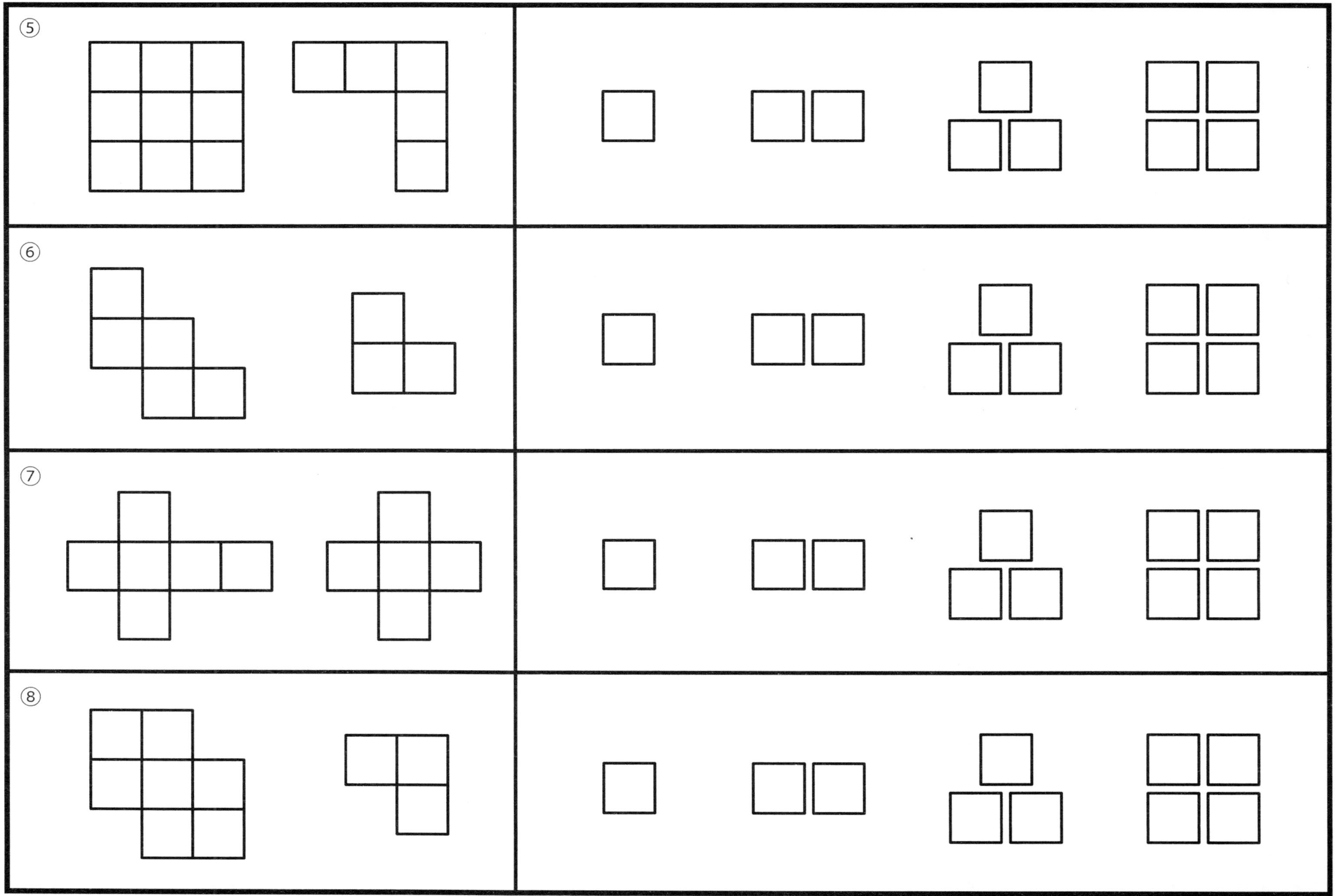

問題19−1

○シール（黒・3枚）

紙テープ（15cm程度・青）2本

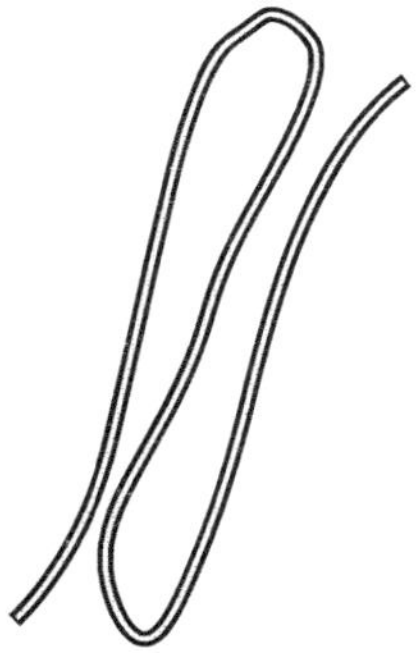

綴じひも（赤）

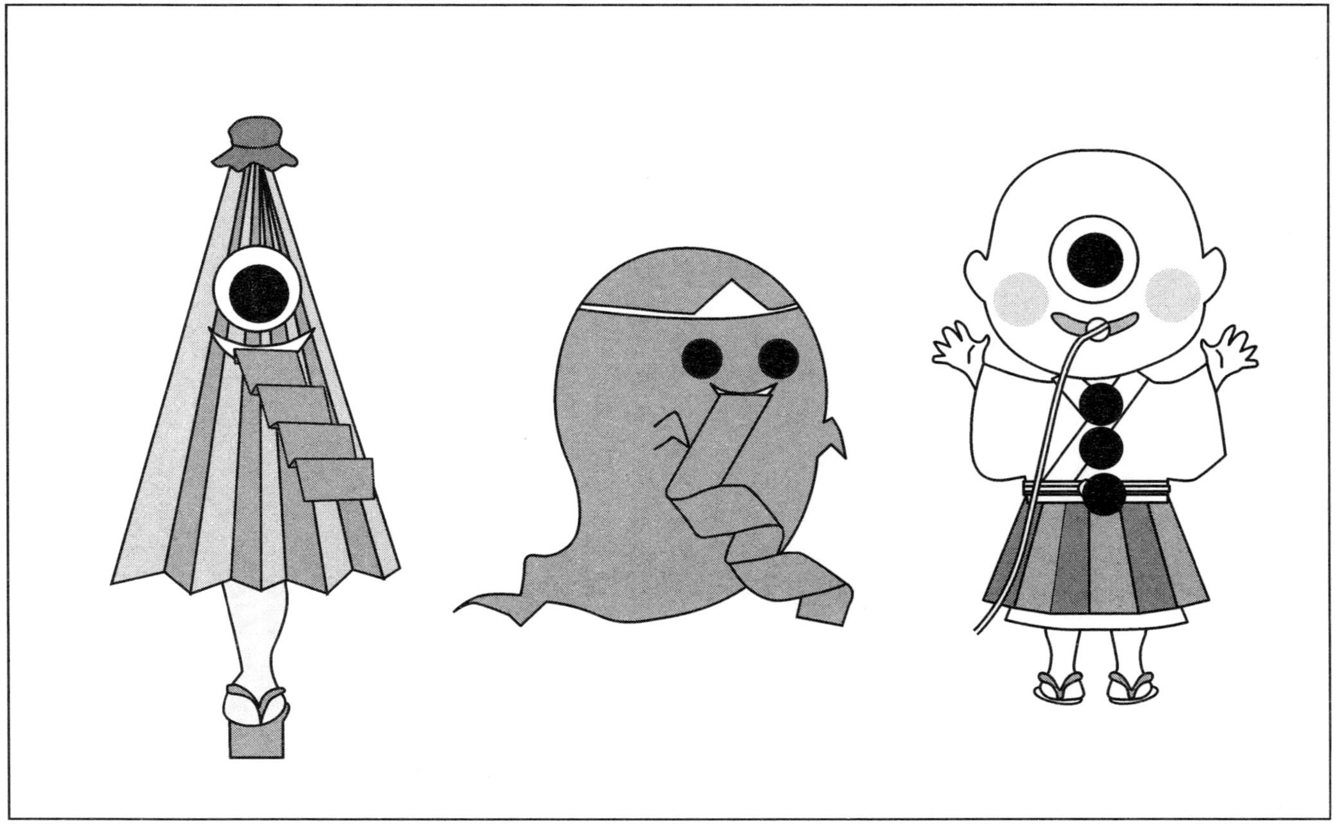

①紙テープを蛇腹折りにして、左のおばけの口の部分にのりで付ける。

②紙テープをクーピーペンに巻き、カールさせたものを
　真ん中のおばけの口にのりで付ける。

③真ん中のおばけの目をクーピーペン（黒）で塗る。

④右のおばけの上半身に○シール（黒）縦一列に3枚付ける。

⑤綴じひもを右のおばけの口に開いている○部分に通す。

日本学習図書株式会社

問題19-2

日本学習図書株式会社

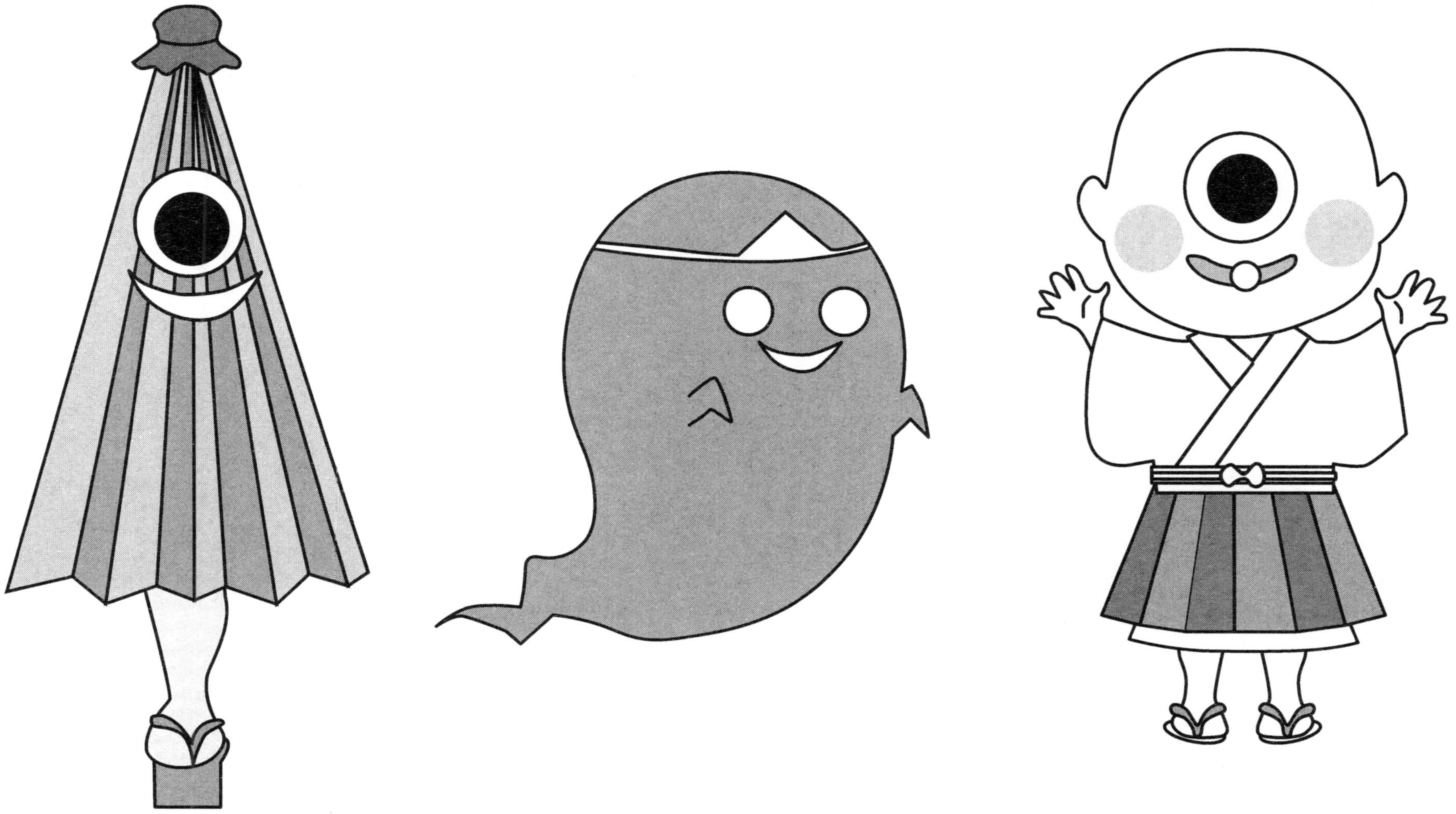

問題20－1

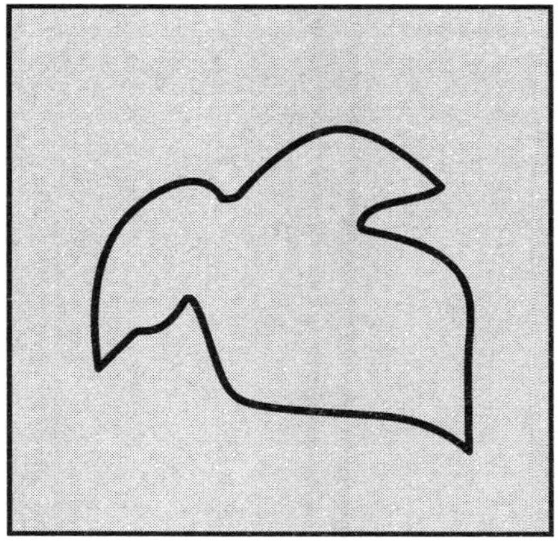

緑色の画用紙（参考）

○シール（緑・１枚）

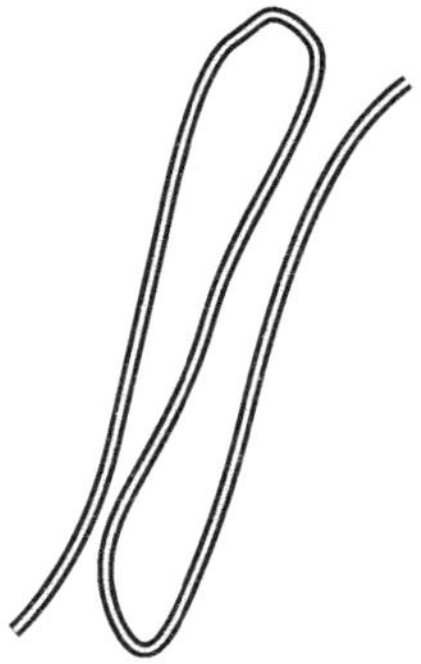

綴じひも（赤）

折り紙（青）

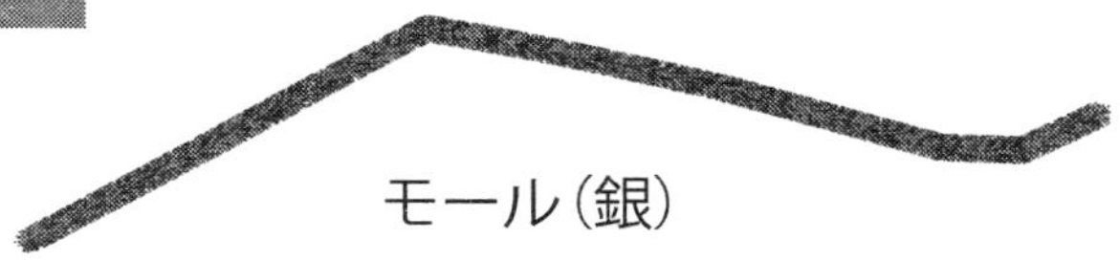

モール（銀）

①緑色の画用紙を枠線でちぎり台紙に貼る。

②モールをクーピーペンに巻き、カールさせたものを、
アサガオのツルに見立てて、○シール（緑）を
根元になる部分に貼り、固定する。

③台紙の下にある塗り絵を塗る。

④折り紙（青）を指示された形（アサガオ）に折り、台紙に貼る。

⑤台紙の上にある穴にひもを通し、結び目が表になるように
ちょう結びで結ぶ。

制作例

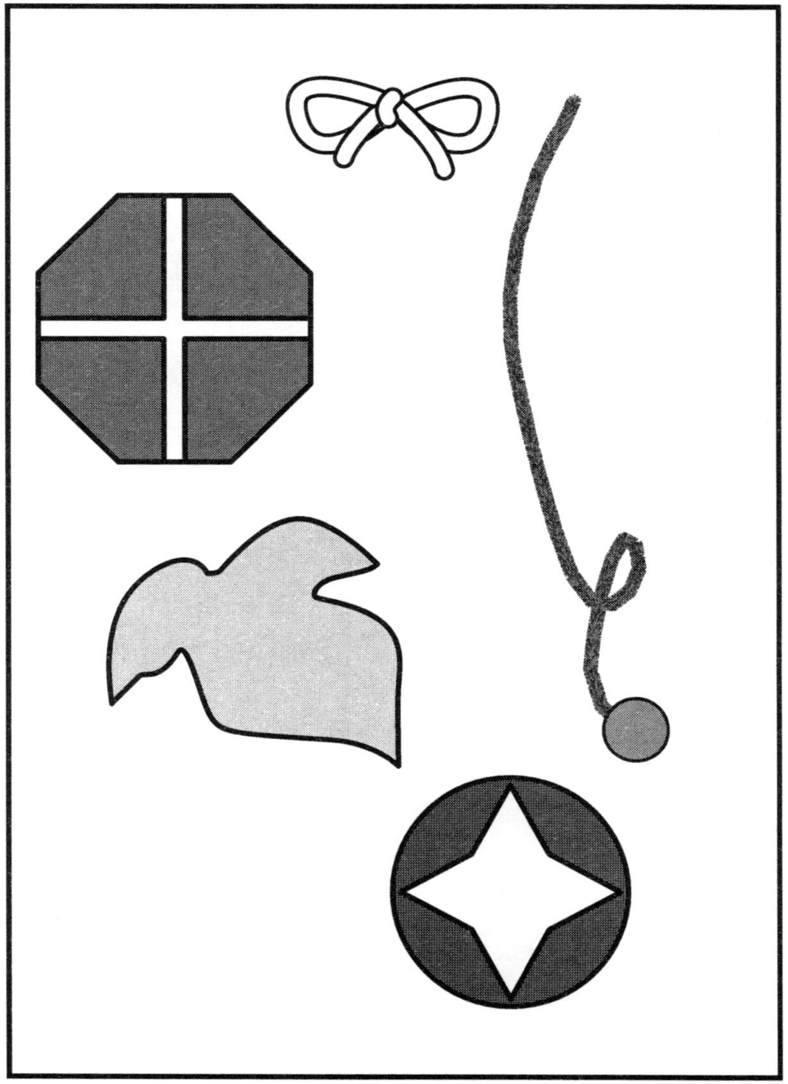

2022年度 筑波大学附属 過去 無断複製/転載を禁ずる　日本学習図書株式会社

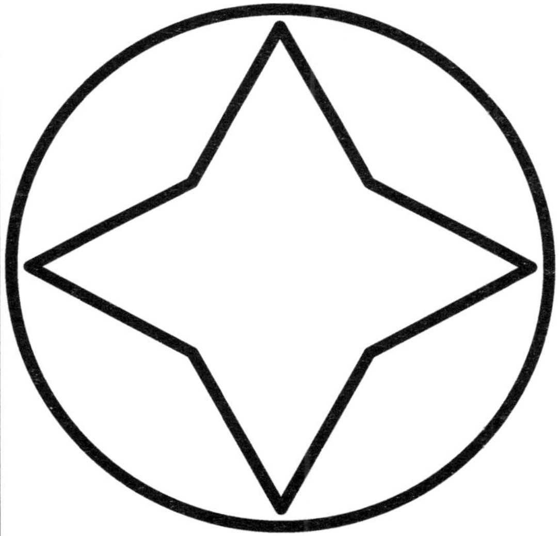

問題２１－１

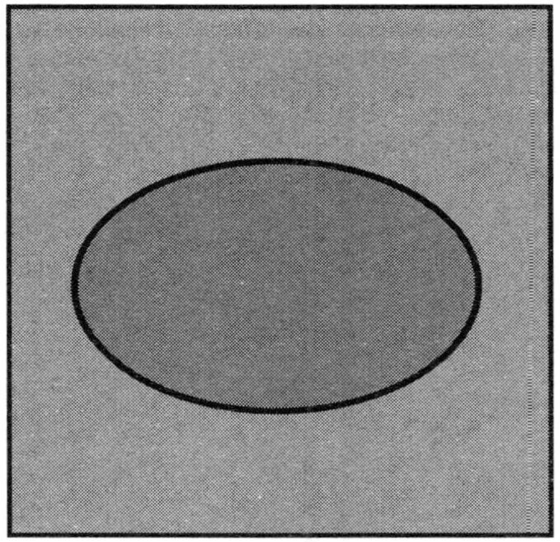

緑色の画用紙（参考）

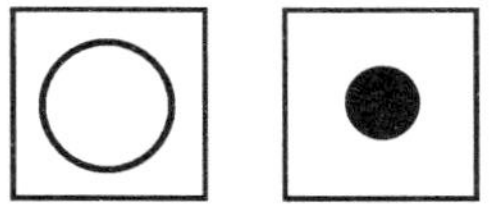

○シール（黄・２枚）
●シール（黒・２枚）

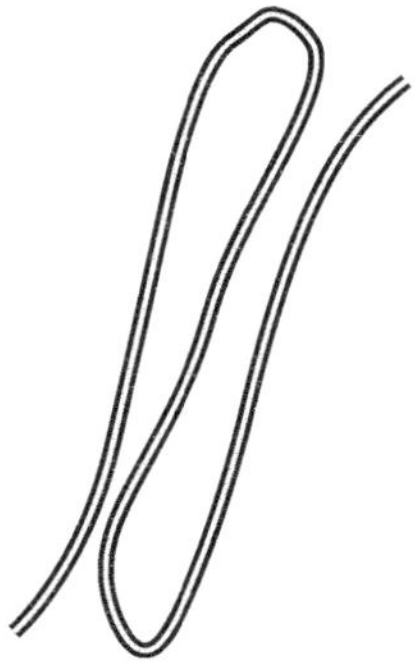

綴じひも（赤）

折り紙（赤・緑）

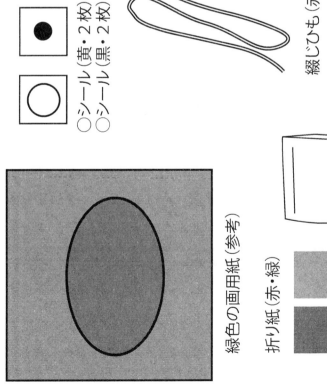

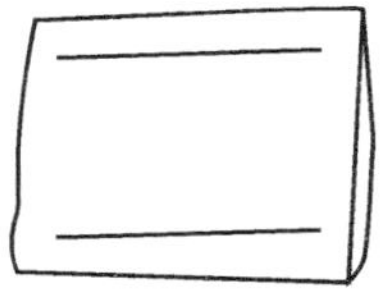

コットンパフ

①緑色の画用紙を枠線でちぎり、台紙に貼る。
②○シール（黄色）の上に●シール（黒）を貼り、目玉を作り、
　ちぎった紙の上あたりに貼る。
③ちぎった紙の上に四角形のコットンパフを貼る。
④折り紙（赤・緑）を指示された形（ニンジン）に折り、台紙に貼る。
⑤台紙の下にある塗り絵を塗る。
⑥台紙の上にある穴にひもを通し、結び目が表になるように
　ちょう結びで結ぶ。

完成図

問題２１−２

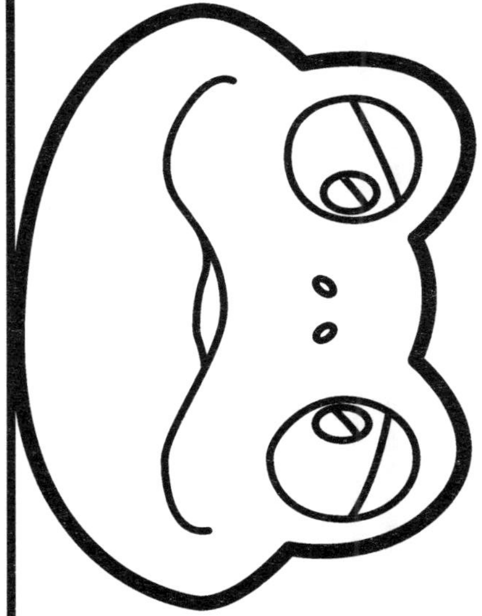

問題２２

葉の描かれた画用紙

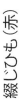

画用紙

折り紙（茶・緑）

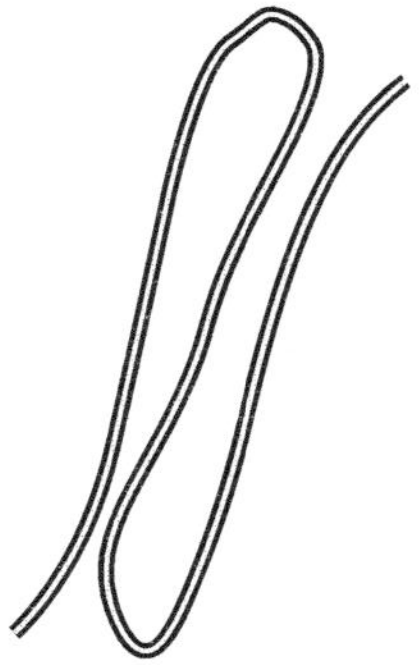

綴じひも（赤）

①白紙の画用紙を丸めて筒状にして、セローテープで留める。

②画用紙の葉が描かれているなかにテントウムシを
　描き、葉の部分を緑色で塗る。

③絵をちぎりとり、クリップで筒の先端に挟み込む。

④折り紙（緑・茶）を指示された形（木）に折り、台紙に貼る。

⑤筒の中央で結び目が表になるように、ちょう結びで結ぶ。

制作例

問題２３－１

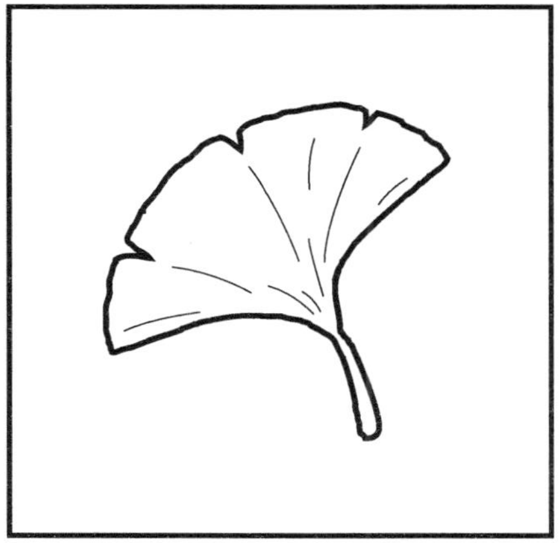

イチョウの描かれたイラスト
※出題用に切り取ってください。

折り紙（青）を上図のように折る。

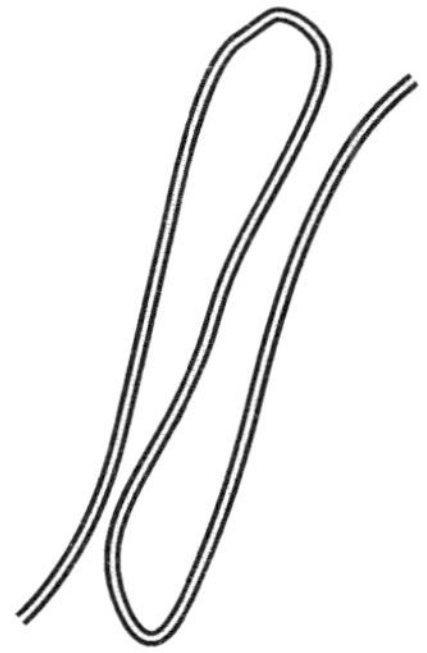

綴じひも（赤）

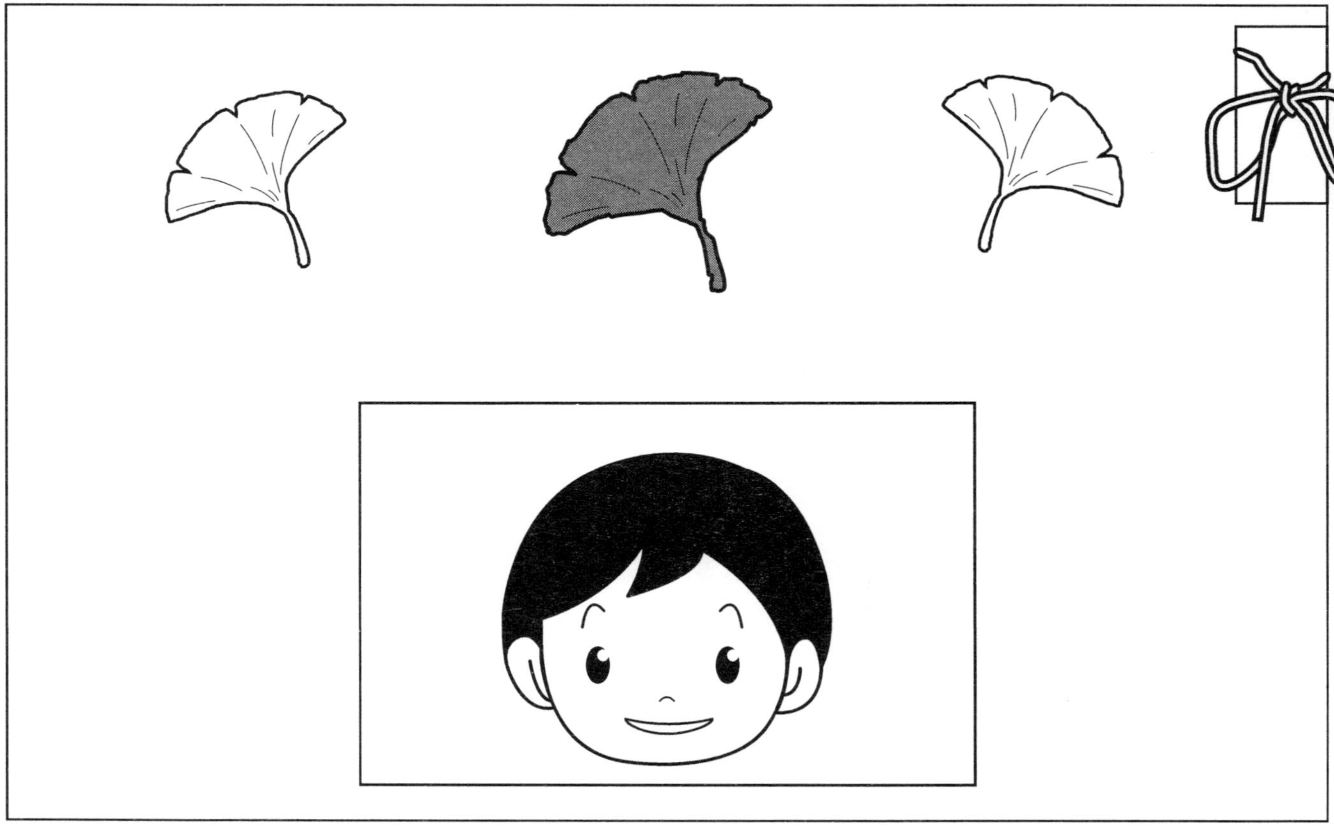

①イチョウの描かれたイラストを緑色で塗り、ちぎってから、
台紙の中央上部にのりで貼る。
②中央下部の四角に自分の顔を描く。
③折り紙を折って輪を作る（右図参照）。
④その輪にひもを通し、ちょう結びをする。
⑤できあがったものを台紙の右上にのりで貼る。

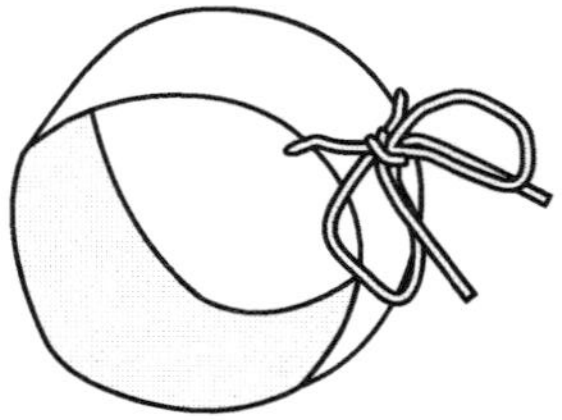

2022年度 筑波大学附属　過去　無断複製／転載を禁ずる　日本学習図書株式会社

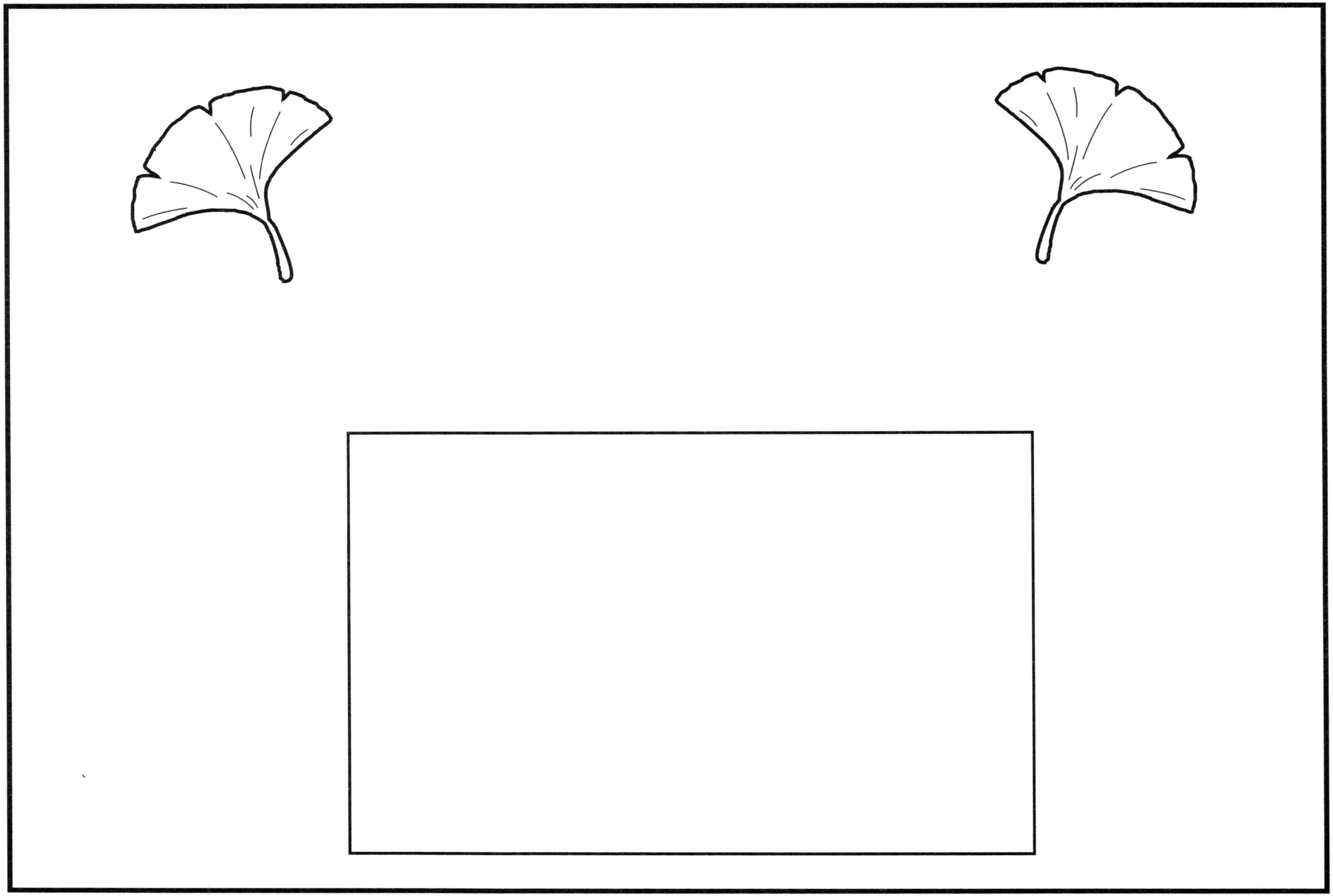

問題２４－１

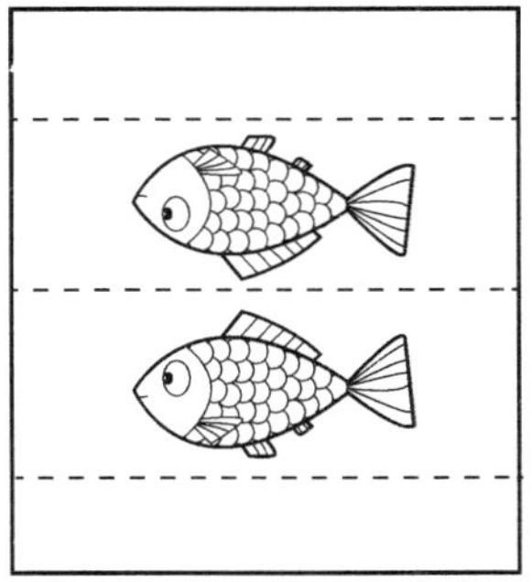

魚が描かれたイラスト

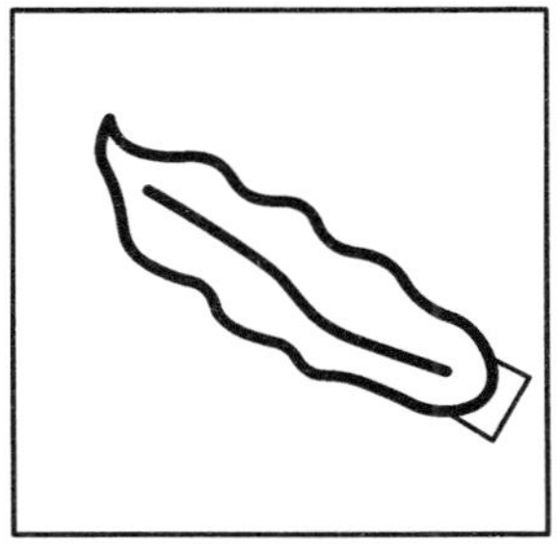

ワカメが描かれたイラスト

折り紙（赤）を上図のように折る。

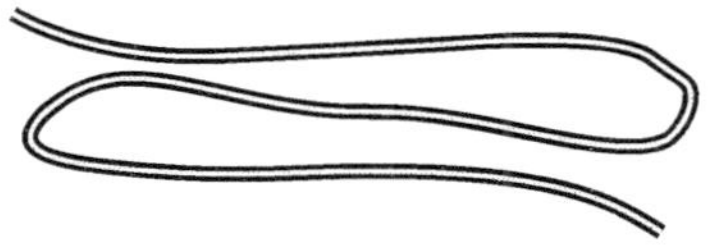

綴じひも（赤）

【制作例】

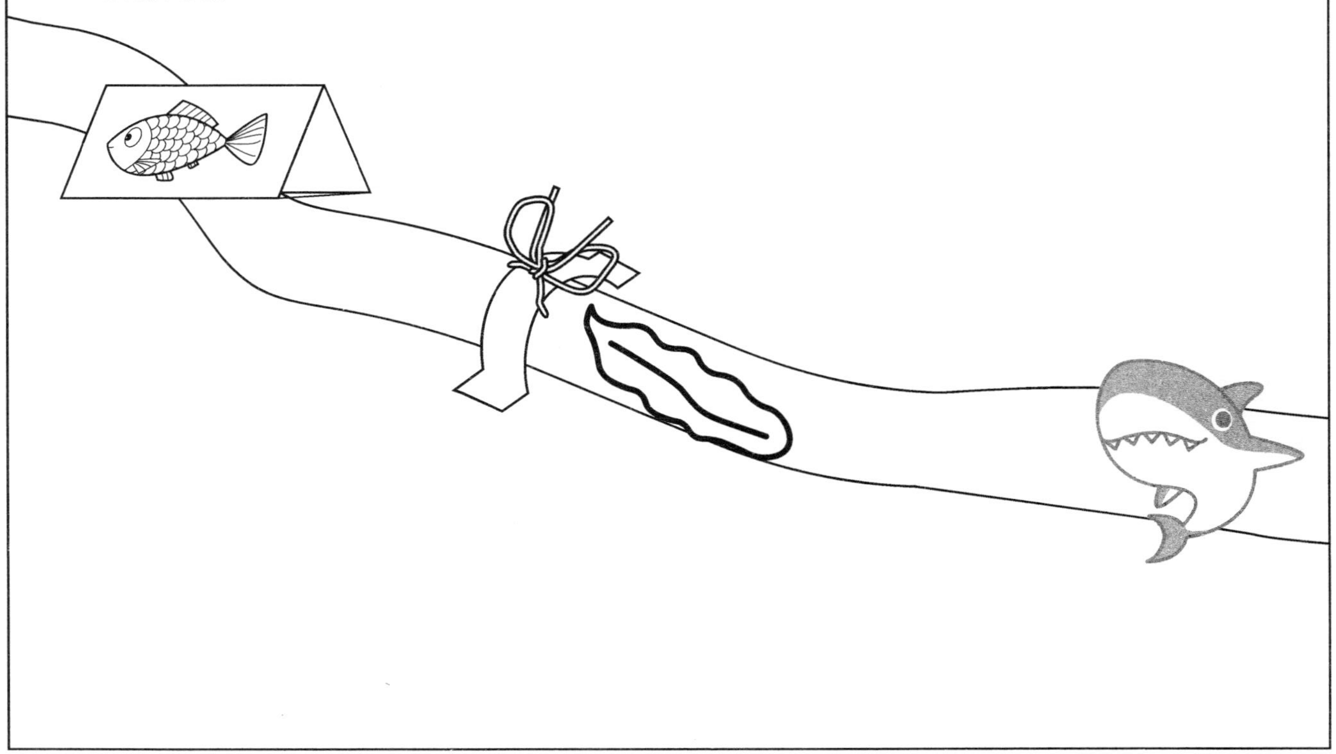

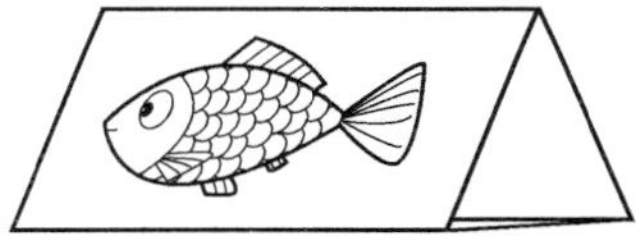

①魚の描かれたイラストを三角に折り、クリップで留め（右図参照）、
　川が描かれた場所に置く。

②緑色の画用紙に描かれているワカメをちぎって、台紙にのりで貼る。

③折り紙をアーチ状に貼り、ひもを通してちょう結び（固結びでも可）をする。

④以上ができた人は磁石で魚を動かして遊ぶ。

問題２４－２

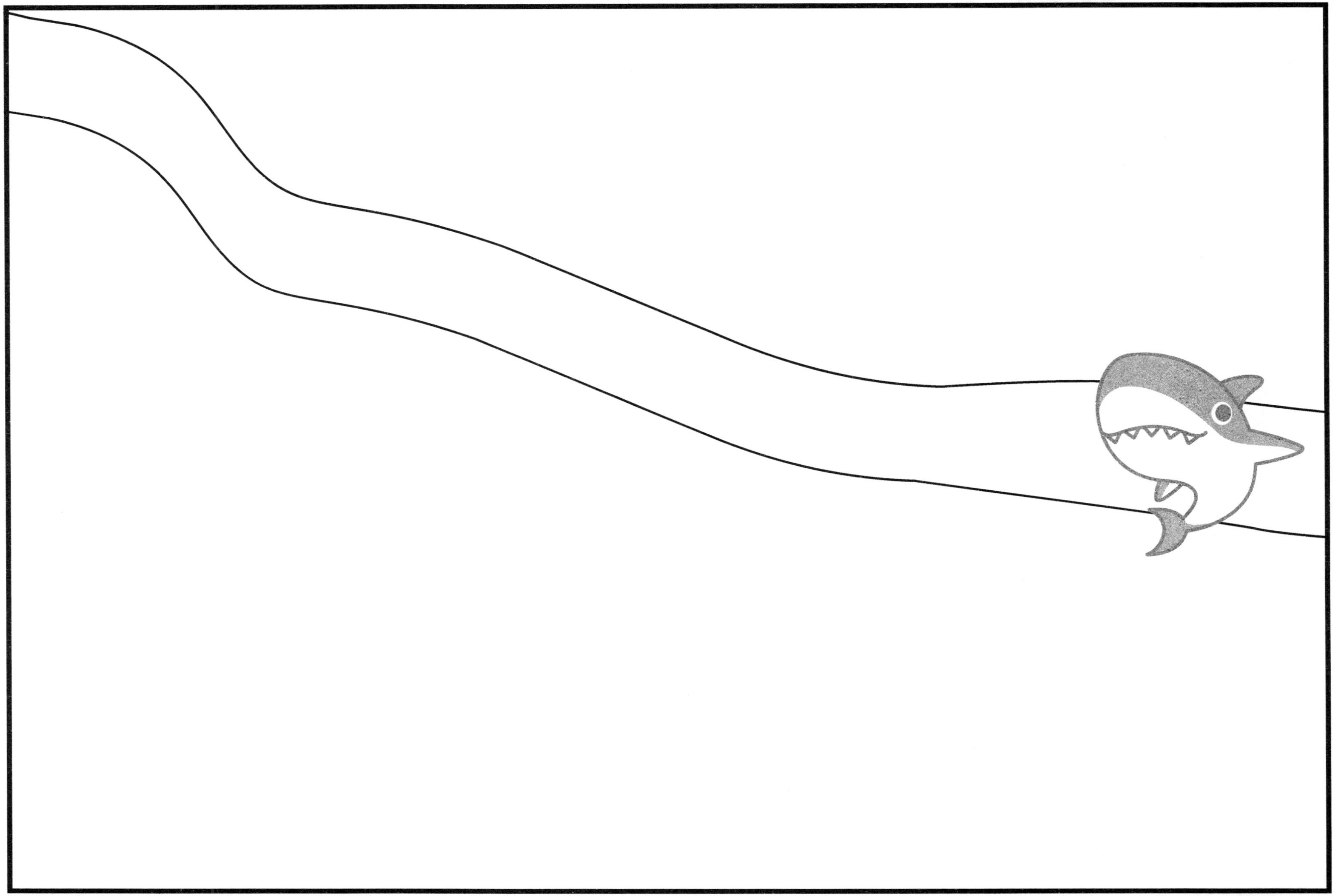

　　日本学習図書株式会社

問題２５

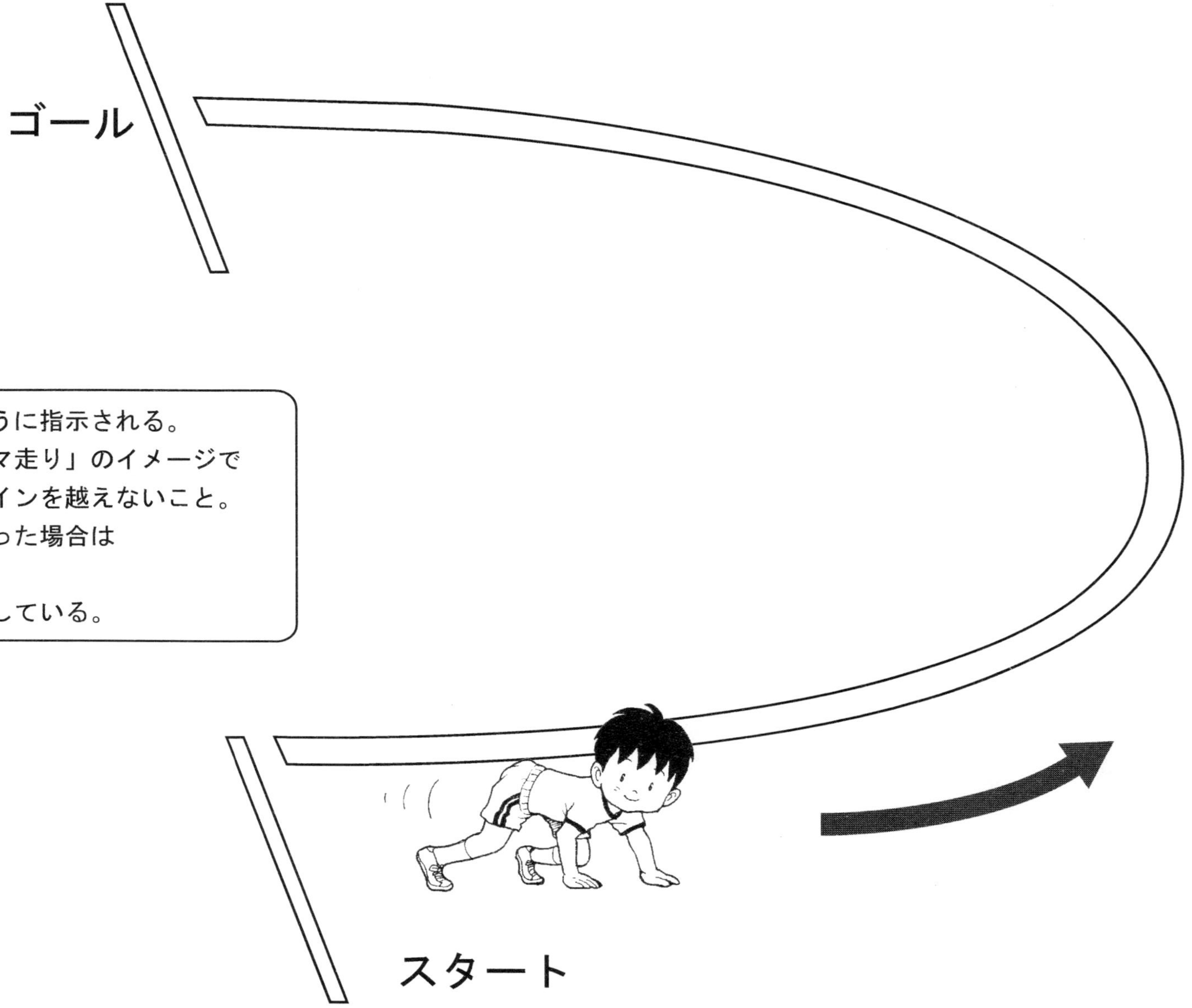

○できるだけ素早くできるように指示される。
　※「クマ歩き」よりも「クマ走り」のイメージで
○合図があるまでスタートラインを越えないこと。
○内側の白い線に入ってしまった場合は
　スタートからやり直し。
○試験担当者がタイムを測定している。

　

2021年度入試
解答例・学習アドバイス

解答例では、制作・巧緻性・行動観察・運動といった分野の問題の答えは省略されています。こうした問題では、各問のアドバイスを参照し、保護者の方がお子さまの答えを判断してください。

問題1　分野：お話の記憶

Aグループ男子

〈解答〉　①右から２番目（ウサギ）　②左から２番目（雨）
③青　④左端（キリン）　⑤○：３　⑥右端（クマ）
⑦左端（バス）、右端（電車）　⑧左端（海水浴）

当校のお話の記憶は、長い、難しいと言われますが、昨年度のお話の記憶は全体を通して少し短くなりました。しかし、短くなったからといって、「よかった」とは言えないでしょう。「２次考査の合格に必要な成績は上位12％の成績」ということからもわかるように、ペーパーテストのボーダーラインが以前から高い学校であり、お子さま、家庭にはそれなりの準備が必要だったのです。「お話が短く、答えやすいお話の記憶」が出題されれば、合格に必要な点数は上がり、些細なミスも許されない入試になることは簡単に想像できます。ペーパーテストの問題数は少ないので、ほかの問題では補えません。ケアレスミスが許されないという意味では、違う意味で難しい状況になったと言えるのです。なお、「お話の記憶」は記憶力、集中力、言語力、語彙力、想像力といったものが要求される総合的な学力を評価する問題です。入学してからの学習にも必要なものを養うにも最適の問題ですから、受験対策としてだけではなく、就学前の学習の基礎として徹底的に学んでおきましょう。

【おすすめ問題集】

★筑波大附属小学校　新お話の記憶攻略問題集★（書店では販売しておりません）
１話５分の読み聞かせお話集①②、お話の記憶 初級編・中級編・上級編、
Ｊｒ・ウォッチャー19「お話の記憶」、34「季節」

問題2　分野：お話の記憶　Bグループ男子

〈解 答〉　①右から２番目（ランドセル）　②左から２番目（クマのぬいぐるみ）　③左端
④○：３　⑤右から２番目（鏡もち）　⑥右端（石鹸）
⑦左から２番目（カレー）　⑧左端（門松）

お話の記憶の成績は読み聞かせの量に比例すると言われています。お話の記憶の力を伸ばしたいのであれば、読み聞かせを毎日行い、「話を聞くことが楽しい」という思いをお子さまに持たせましょう。その時は、優しい笑顔で行ってください。そうすれば、「勉強したい。お話を聞きたい」という気持ちがお子さまにも芽生えるでしょう。このお話の記憶、すぐにはできるようにはならない分野の１つです。ですから、積み木を積み上げるように１つひとつ努力を積み上げていかなければなりません。お子さまの気持ち次第で習熟度が違ってくることは、多くの保護者の方が経験されていると思います。イライラすることなく、お子さまの目線での学習を積んでください。

【おすすめ問題集】

★筑波大附属小学校　新お話の記憶攻略問題集★（書店では販売しておりません）
１話５分の読み聞かせお話集①②、お話の記憶 初級編・中級編・上級編
Ｊｒ・ウォッチャー19「お話の記憶」、34「季節」

問題3　分野：お話の記憶　Cグループ男子

〈解 答〉　①○：３　②右から２番目（マフラー）　③青　④左端（タヌキ）
⑤右から２番目（ネコ）　⑥右端（キツネ）　⑦左端（バス）、右端（電車）
⑧左端

お話の記憶の問題を解く時、「お話を聞きながら絵本のように場面をイメージしてみなさい」というアドバイスをする保護者の方は多いのではないでしょうか。しかし、この「イメージ」、この種の学習に慣れていないお子さまにとって難しいものです。それよりは「何を」「誰と」「その後どうなったの」などと、お子さまに簡単で具体的な質問をした方が話全体を整理する上ではわかりやすく効率的です。これを繰り返せば自然とお話の場面をイメージするようになるので、少し遠回りのように思えますが、かえって学習の効率もよくなるでしょう。保護者の方とコミュニケーションを取りながら学習することは、お子さまの学力を効率よく上げたいと考えるならおすすめしたい学習方法の１つです。お話の記憶に限らず、図形や数量などのほかの分野についても同じことが言えます。

【おすすめ問題集】

★筑波大附属小学校　新お話の記憶攻略問題集★（書店では販売しておりません）
１話５分の読み聞かせお話集①②、お話の記憶 初級編・中級編・上級編
Ｊｒ・ウォッチャー19「お話の記憶」、34「季節」

問題4　分野：お話の記憶

Aグループ女子

〈解 答〉　①右端（キツネ）　②右端　③左から２番目（クマ）
④右から２番目（はたき）　⑤左から２番目　⑥右から２番目　⑦緑
⑧右端（アサガオ）

お話の記憶は記憶力が大切というのは間違いないことですが、その記憶力が生活体験の多少によって左右されるのがお子さまです。例えば、「はたき」がこの問題には登場しますが、その実物を見たり、使ったりしていれば記憶しやすくなるといったことです。当校に限らず、小学校入試の問題というのはそのお子さまの生活体験を測るといった面もあるので、生活における体験が豊かな方が有利なのです。これを踏まえると、さまざまなお子さまに体験をさせておくべき、ということになります。安全には考慮すべきですが、何事にもチャレンジさせてください。なお、問題①は少しひねった出題で、「お話に出てこなかった動物」を聞いています。最初の問題で混乱すると、後の質問を落ち着いて答えることは難しくなります。入試独特の雰囲気に飲まれないよう注意してください。

【おすすめ問題集】

★筑波大附属小学校　新お話の記憶攻略問題集★（書店では販売しておりません）
1話5分の読み聞かせお話集①②、お話の記憶 初級編・中級編・上級編
Ｊｒ・ウォッチャー19「お話の記憶」、34「季節」

問題5　分野：お話の記憶

Bグループ女子

〈解 答〉　①右端（サル）　②左端　③○：赤　④右から２番目（ネズミ）
⑤○：５　⑥○：黄色　⑦左端（ウシ）⑧右端（カボチャ）

ストーリーだけではなく、登場するものの数や色、季節など常識についてなど、設問が多岐にわたっていることがわかります。こうした問題ではお子さまのわからなかったポイントを保護者の方がチェックしておきましょう。ストーリーが把握できないのであれば、読み聞かせを習慣にする。数に対しての認識や常識が足りなければそういった分野の学習をすればよいのです。できれば体験をともなった学習の方がよいでしょう。お手伝いでもおつかいでも構いません。必要な知識だけではなく、それに関連する知識もいっしょに学べるはずですから、おお子さまにとって楽しく、しかも効率のよい学習になるはずです。

【おすすめ問題集】

★筑波大附属小学校　新お話の記憶攻略問題集★（書店では販売しておりません）
1話5分の読み聞かせお話集①②、お話の記憶 初級編・中級編・上級編、
Ｊｒ・ウォッチャー19「お話の記憶」、34「季節」

問題6　分野：お話の記憶　Cグループ女子

〈解 答〉 ①左から２番目(雪)　②○：緑　③○：７　④左端（ゾウ）
⑤右から２番目（バス）　⑥右端（城）
⑦クマ（左から２番目）、ゾウ（右端）　⑧左から２番目（節分）

当校のお話の記憶は他校と比べても複雑です。しっかりと整理をして答えるようにしましょう。なかなかできないことですが、１つひとつの出来事を覚えるのではなく、１つのストーリーとして記憶するようにしてください。ポイントを押さえながら話を聞くということになるでしょうか。慣れてくると自然に記憶に残るようになります。例えば「タヌキさんがバスに乗って雪まつりに行った」という一文で「タヌキさん」「バスで」「雪まつり」という部分に意識が向くのです。ちょうど「～が～をした」という一覧表を頭の中で作る形にもなります。服装や持ちものの色など当校で聞かれやすいことも同時に記憶すればお子さまも情報の整理がしやすいと思います。まずは、短いお話から始め、徐々に長く、かつ複雑なお話でやってみましょう。

【おすすめ問題集】
★筑波大附属小学校　新お話の記憶攻略問題集★（書店では販売しておりません）
１話５分の読み聞かせお話集①②、お話の記憶 初級編・中級編・上級編、
Ｊｒ・ウォッチャー19「お話の記憶」、34「季節」

問題7　分野：図形（図形の構成）　Aグループ男子

〈解 答〉 下図参照

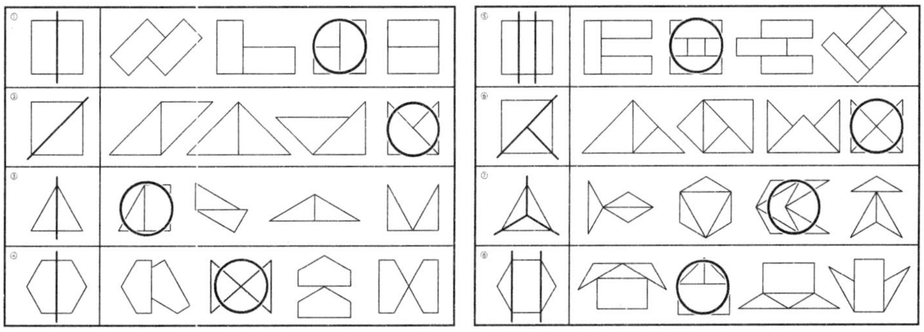

図形の構成の問題です。解答時間が圧倒的に短いので、直感的に答えないと全問答えることはできないでしょう。例年ほど難しい問題ではないので、ある程度準備をしたお子さまなら可能のはずです。注意すべきなのはケアレスミスで、「できないものはどれですか」と聞かれているのに、できるものに○をしたりしてはおしまいです。こういった問題では基礎とも言える問題なので、もしわからなかった場合は基礎問題を分野別の問題集などでおさらいしておきましょう。

【おすすめ問題集】
★筑波大附属小学校図形攻略問題集①②★（書店では販売しておりません）
Ｊｒ・ウォッチャー９「合成」、54「図形の構成」

問題8　分野：数量（数の構成）　Aグループ男子

〈解答〉　下図参照

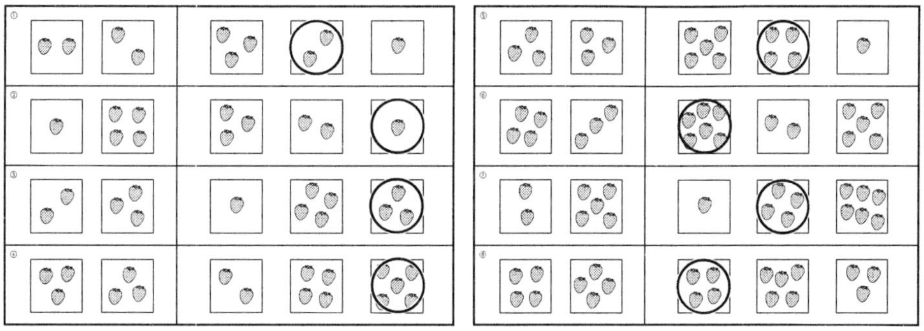

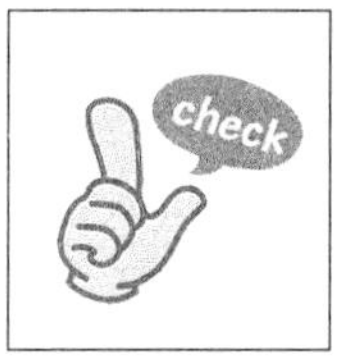

本年度はA・Bのグループで数量の問題も出題されました。今年に限ったことかもしれませんが、当校としては久々の新傾向なので準備は怠りなく進めておきましょう。内容としてはそれほど難しい問題ではないので、図形問題と同様にケアレスミスに注意しながら、スピードを意識しつつも慎重に答えていく、ということになります。また、問題文の理解も含めて「慣れ」が結果に反映されるのが数量分野の問題です。お子さまに生活の場面でも数を意識させるようにしてください。

【おすすめ問題集】

★筑波大附属小学校数量攻略問題集①★（7月発行予定）

Jr・ウォッチャー14「数える」、41「数の構成」

問題9　分野：図形（図形の構成）　Aグループ女子

〈解答〉　下図参照

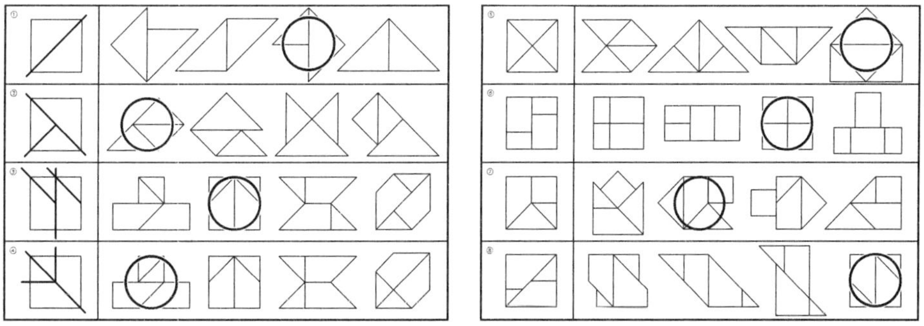

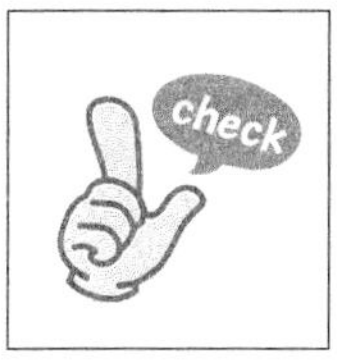

Aグループの女子も男子と同様に図形の構成の問題です。問題の取り組み方は男子と同様に、ケアレミスに注意しながら一定のスピードで解く、ということになります。前提として、図形の基本的な性質、特徴を知っていないと、どうしても答えるのが遅くなってしまうので、必要な知識は頭に入れておきましょう。例えば「同じ三角形を2つ組み合わせるる四角形になる」といったことは知っていないと答えられない、ということです。

【おすすめ問題集】

★筑波大附属小学校図形攻略問題集①②★（書店では販売しておりません）

Jr・ウォッチャー9「合成」、54「図形の構成」

問題10　分野：数量（数の構成）　Aグループ女子

〈解答〉　下図参照

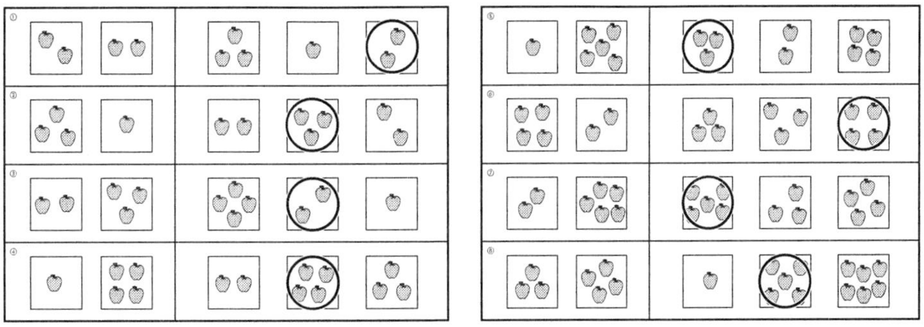

イチゴがリンゴに変わっただけですので、男子とほぼ同じ問題です。「使わないものを選ぶ」という聞き方に気を付ければそうそう間違う問題ではありません。当校ではいままで出題はありませんでしたが、数量問題は小学校受験ではよく出題される、重要な分野の問題です。数字は使えなくて構いませんが１～10までの数をひと目見ていくつあるかを理解する、どちらが多いかを判断するといった基本的な数に対する感覚は、身に付けておいてください。

【おすすめ問題集】

★筑波大附属小学校数量攻略問題集①★（7月発行予定）
Ｊｒ・ウォッチャー14「数える」、41「数の構成」

問題11　分野：図形（展開・回転図形）　Bグループ男子

〈解答〉　下図参照

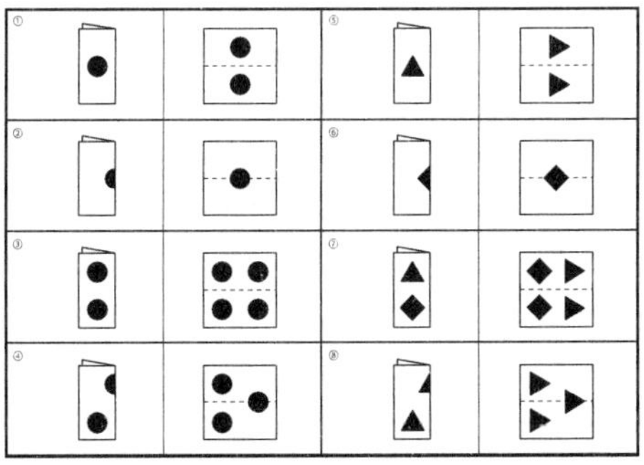

Bグループには、展開・回転という2つの要素が入った図形問題が出題されました。折った紙を広げた（展開にした）後に、回転させるという形になるので、当校らしいやや複雑な問題と言えますが、内容はそれほど難しくはありません。やはり直感的に一定のリズムで答えて行きたいところです。一定のリズムで答えるには「紙を広げたらどのようになる」「右に回すとどうなる」といったことをスムーズにイメージする必要があります。基礎的な知識や感覚が身に付いていなければ仕方ありませんが、問題用紙を折ったり、実際に回転させている時間はないので、ある程度の事前学習は必要です。

【おすすめ問題集】

★筑波大附属小学校図形攻略問題集①②★（書店では販売しておりません）

Ｊｒ・ウォッチャー5「回転・展開」、8「対称」、46「回転図形」

問題12　分野：数量（比較）　Bグループ男子

〈解答〉　下図参照

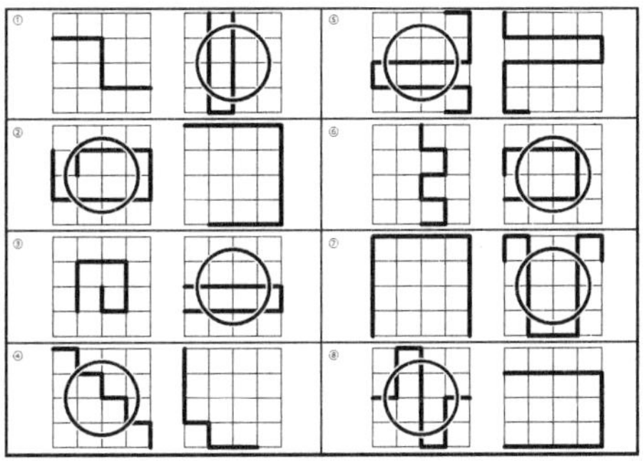

Bグループでは図形問題のほかに比較の問題が出題されています。比較ですが推理分野の問題としていないのは、マス目に沿った線の長さを比較するので「線を数えれば比較できる」からです。難しいのは問題文を聞き、その発想ができるかどうかです。結論から言えば、はじめて見てこの発想ができるお子さまはまずいなかったでしょう。よくある問題とは言えませんが、出題例はあるので数多く問題にあたって経験を積んだお子さまなら解けたはず、ということになります。ある程度の準備をしていることを前提とした出題は当校のような難関校なら当然ありえます。出題傾向が突然変わることもあるので、事前学習は先入観にとらわれず幅広く行っておきましょう。

【おすすめ問題集】

★筑波大附属小学校数量攻略問題集①★（7月発行予定）

Ｊｒ・ウォッチャー14「数える」、15「比較」

問題13　分野：図形（展開・重ね図形）　Bグループ女子

〈解答〉　下図参照

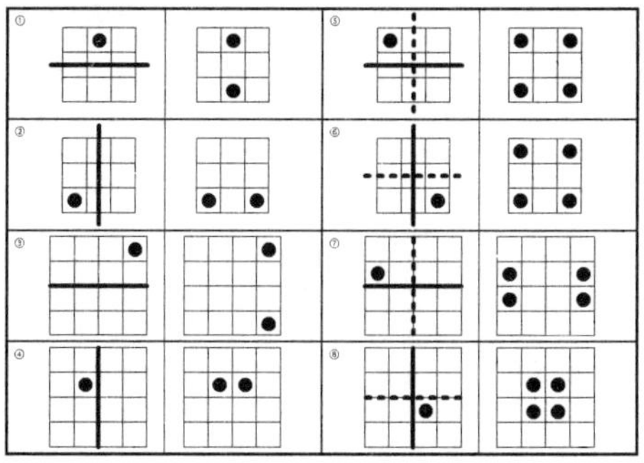

女子には展開と重ね図形を複合させた問題が出題されました。これも特に難しいところはないのですが、やはり時間は短めなのでポンポンと答えていく必要があります。注意したいのは「重ねて切り抜く」という表現です。「紙を広げると対称の位置に切れ目（●）ができる」と閃けばよいですが、初見ではなかなか難しいかもしれません。わからなければ実際にイラストを折り、広げてみて理解するのもよいでしょう。しかし、試験ではそうしたことを問題文を聞いている間にも少しは理解しておく必要があるということなのです。繰り返しになりますが、経験が必要となってくるので、分野ごとの幅広い学習が当校入試は必要です。

【おすすめ問題集】

★筑波大附属小学校図形攻略問題集①②★（書店では販売しておりません）

Ｊｒ・ウォッチャー35「重ね図形」、8「対称」、46「回転図形」

問題14　分野：数量（比較）　Bグループ女子

〈解答〉　下図参照

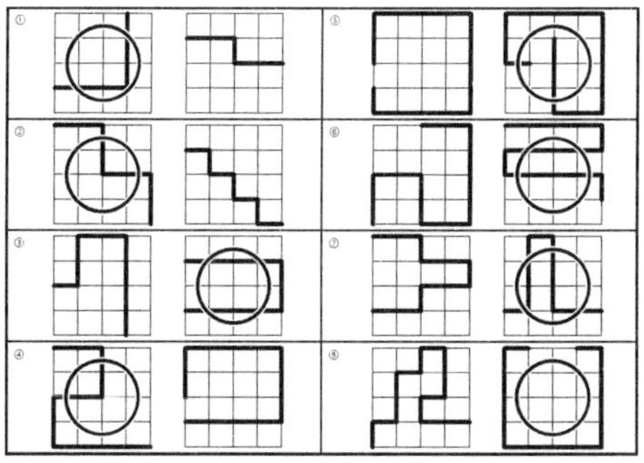

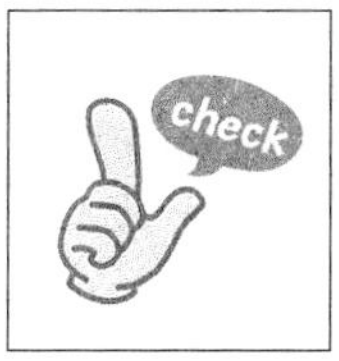

女子も比較の問題が出題されています。ほとんど同じ問題ですので「線を数えれば答えがわかる」のは男子と同じです。前述したように、当校の入試はある程度の学習を幅広く行っておくことが前提となっています。早い段階で「時間内に全問正解」というレベルになっていなくてもよいのですが、合格を目指すなら全問正解したいレベルの問題であることを保護者の方は理解しておいてください。

【おすすめ問題集】

★筑波大附属小学校数量攻略問題集①★（7月発行予定）

Ｊｒ・ウォッチャー14「数える」、15「比較」

問題15　分野：図形（回転図形）

Cグループ男子

〈解 答〉　下図参照

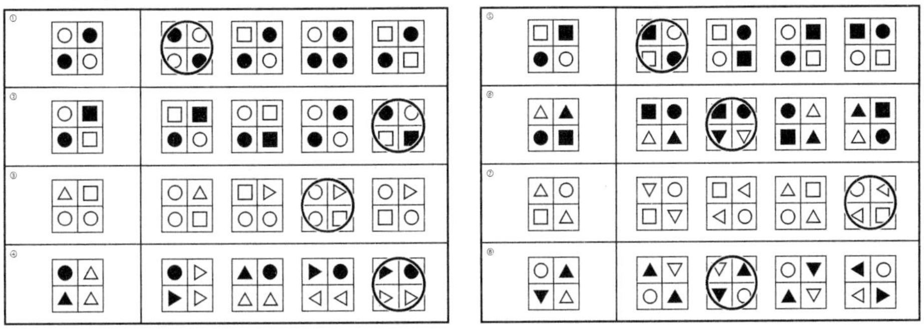

Cグループ男子の回転図形の問題が出題されました。内容としては当校らしい図形問題ですが、それほど難しいものではありません。どういう解き方でも構いませんが、ある程度のスピードが必要なのは同じです。実際にイラストを回転させて確認していたりすると間に合いません。回転させると見え方が変わる三角形（△）の回転も出題されているので、よくわかっていなければ、同じような回転の問題、特に当校の過去問などに当たってみるのもよいでしょう。理想としては図形回転するとこのようになる、とイメージできるようになることですが、まずは正解が出せるようになるだけの知識と考え方を学びましょう。

【おすすめ問題集】

★筑波大附属小学校図形攻略問題集①②★（書店では販売しておりません）

Ｊｒ・ウォッチャー46「回転図形」

問題16　分野：図形（図形の構成）

Cグループ男子

〈解 答〉　下図参照

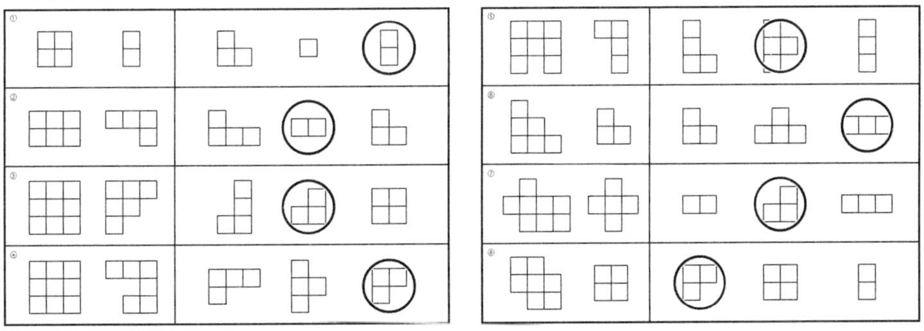

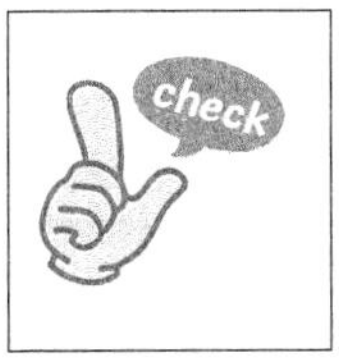

図形の構成の問題です。重ねるとどんな形が残るかというのは、重ならない口はいくつあるのかということと同じことになります。①で言えば左の四角にある形はそれぞれ「４」と「２」なので、４－２で、２つの四角形を使ってある右側の四角の右端の形が答えになるというわけです。このような考え方をしなくても２つの形を重ったイメージができれば答えはわかるので、まずは正攻法で考えてみて、それでは難しいという時に使ってみてください。

【おすすめ問題集】

★筑波大附属小学校図形攻略問題集①②★（書店では販売しておりません）

Ｊｒ・ウォッチャー54「図形の構成」

問題17　分野：図形（展開・回転図形）　Cグループ女子

〈解答〉　下図参照

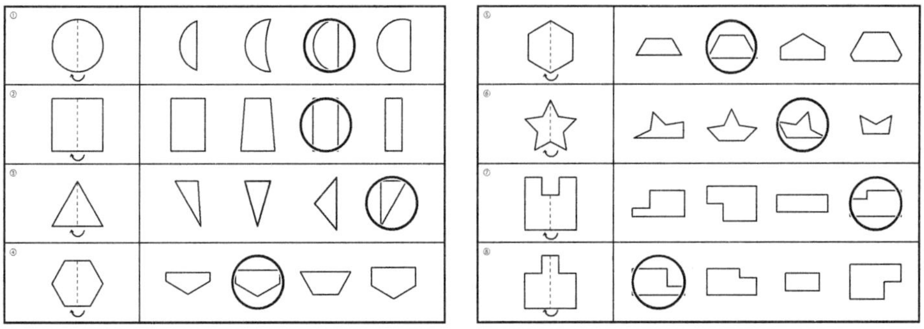

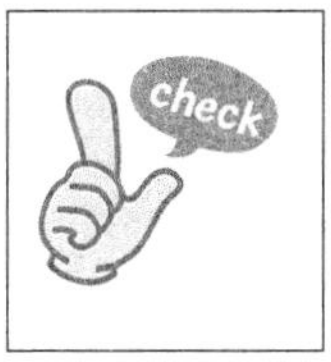

Cグループ女子は展開と回転図形の問題が出題されました。簡単に言えば「半分に折るとどうなるか」という問題なので特に解説の必要はないでしょう。やや複雑な形でも「（折った線で）半分になると…」とイメージすれば、答えはわかるはずです。もしわからないようであれば、単純にこうした問題に慣れていないということです。同じような問題を解くのもよいですが、折り紙などを使って「体験する」のよいでしょう。充分時間内に答えられるレベルの問題です。

【おすすめ問題集】

★筑波大附属小学校図形攻略問題集①②★（書店では販売しておりません）
Ｊｒ・ウォッチャー５「回転・展開」

問題18　分野：数量（比較）　Cグループ女子

〈解答〉　下図参照

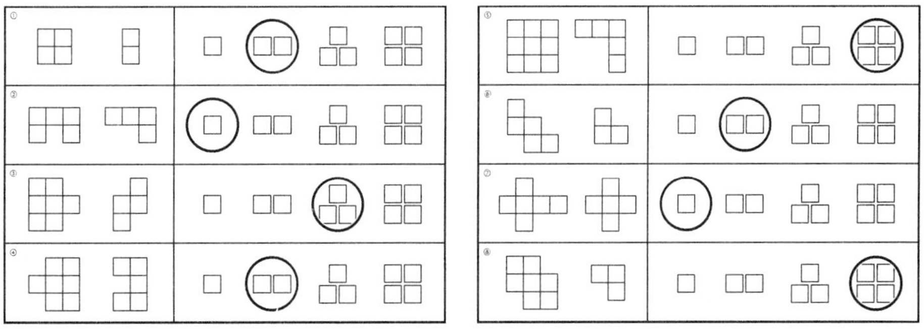

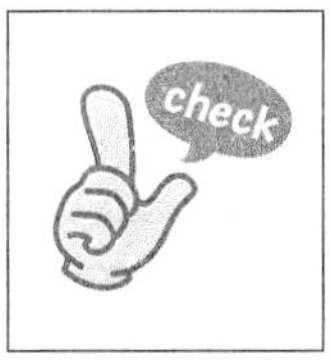

Cグループは男子・女子ともにイラストを２枚使った問題で、かなりのボリュームのように見えるのですが、聞かれているのはそれほど難しいことではないので、落ち着いて答えるようにしてください。充分間に合います。ここでは「ぴったりと重ねた時に…」と説明されているので、その通りにイメージしてもよいのですが、結局は左の２つの形の差（多いものから少ないものの□の数を引く）が解答になる、ということわかればさらにスムーズに答えられるでしょう。何問か解けばお子さまも自然に気が付くはずです。

【おすすめ問題集】

★筑波大附属小学校数量攻略問題集①★（７月発行予定）
Ｊｒ・ウォッチャー14「数える」、15「比較」

問題19　分野：制作　Aグループ男子

制作の課題は例年と同じく、教室の最前列にモニターが置かれ、試験中はそこに制作のお手本が映し出されるという形で行われました。この制作で行う作業は、「紙をちぎる・折る・貼る」「輪をつなぐ」「色を塗る」などです。「ちぎる」はともかく、ほかの作業はほかの学校の入試でもよく見られるものですから、特別な準備は必要ないでしょう。ただし、今年度は作業時間が足りなかったようで、制作の途中で提出というお子さまも多かったようです。だから不合格ということにはなりませんが、基本的な作業もできないのは問題です。少なくも出題されたものは時間内に作れるように練習しておきましょう。

【おすすめ問題集】

★筑波大附属小学校工作攻略問題集★（書店では販売しておりません）
実践 ゆびさきトレーニング①②③
Ｊｒ・ウォッチャー23「切る・貼る・塗る」

問題20　分野：制作　Aグループ女子

Aグループ女子の課題は「アサガオボード」です。作業内容はAグループ男子とほとんど同じですが、「モール」を使う点が違うのでその扱いを知っておく必要があります。そう難しいことではありません。ここでは「ちぎり」について解説しておきます。コツは「左右の指を細かく動かして、一気に行わない」というだけです。作業時間自体が短いのでどうしても焦ってしまうのですが、失敗すると台無しになってしまうので慎重かつ大胆に行ってください。

【おすすめ問題集】

★筑波大附属小学校工作攻略問題集★（書店では販売しておりません）
実践 ゆびさきトレーニング①②③
Ｊｒ・ウォッチャー23「切る・貼る・塗る」

問題21　分野：制作　Bグループ男子

お気付きでしょうが、今回は「～ボードを作る」という課題が多く、作業内容も似たようなものが多くなっています。年々、作業内容が簡単になっていくので対策も取りやすくなっていますが、カエルのボードを作るこの課題も例外ではなく、「折る」「ちぎる」「貼る」「結ぶ」という比較的簡単な作業内容です。一度練習しておけば充分でしょう。なお、「ちょう結びは固結びでもよい」という指示もあったようですが、ちょう結びが出題されることが多いのでできるようしておいてください。

【おすすめ問題集】

★筑波大附属小学校工作攻略問題集★（書店では販売しておりません）
実践 ゆびさきトレーニング①②③
Ｊｒ・ウォッチャー23「切る・貼る・塗る」

問題22　分野：制作　Bグループ女子

今回唯一の立体的な制作の課題です。といっても作業内容自体それほど難しいものではなく、基本作業の連続になります。画用紙を筒にしたものに、制作したものを付けていくことになるので、バランスを取るのが難しいかもしれません。制作例のイラストの通りにならなくても構わないのでできれば立つような形に仕上げてみましょう。見本なしでテントウムシを描くという課題が少し難しいかもしれませんが、知識のあるなしを観点にしているので、絵の上手い下手は関係ない、という視点で評価してください。

【おすすめ問題集】

★筑波大附属小学校工作攻略問題集★（書店では販売しておりません）
実践 ゆびさきトレーニング①②③
Ｊｒ・ウォッチャー23「切る・貼る・塗る」

問題23　分野：制作　Cグループ男子

Cグループ男子への問題です。今回の入試では月齢による配慮があったようで、作業の種類・数ともにほかの課題よりは少なくなっています。「自分の顔」を描くという課題が出ていますが、そういった経験のあるなしを観点にした課題ですから上手く描く必要はありません。お子さまにはその作業にあまり熱中しすぎないように注意しておきましょう。これぐらいの課題なら、時間内に完成させないと評価に関係してくるからです。

【おすすめ問題集】

★筑波大附属小学校工作攻略問題集★（書店では販売しておりません）
実践 ゆびさきトレーニング①②③
Ｊｒ・ウォッチャー23「切る・貼る・塗る」

問題24　分野：制作　Cグループ女子

Cグループ女子への問題です。簡単な作業ではありますが、「指示をよく聞いて、その通りの手順で時間内に作る」というつもりで課題に臨んでください。作業を終えるとゼムクリップで留めた魚の絵を磁石を使って動かしたということですが、そこまでの余裕はなくてもよいでしょう。時間内に終えるというだけでもお子さまを評価してあげてください。ここではちょう結びが課題の作業の1つとして出題されています。ほとんどの場合出題されるので、できるようになっておきましょう。

【おすすめ問題集】

★筑波大附属小学校工作攻略問題集★（書店では販売しておりません）
実践 ゆびさきトレーニング①②③
Ｊｒ・ウォッチャー23「切る・貼る・塗る」

問題25　分野：運動　全グループ

例年よりは１グループの人数を減らしていたようですが、今回も運動は「クマ歩き」でした。それほど難しいものではありませんので、一度やっておいてください。運動能力というよりは、取り組む姿勢や待機中の態度などが評価の対象です。緊張しても仕方ないので、元気よく指示を守って運動するようにしてください。よほどのことがなければチェックされないので、トラブルを起こさなければ大丈夫でしょう。

【おすすめ問題集】
新運動テスト問題集、Ｊｒ・ウォッチャー28「運動」

問題26　分野：口頭試問　全グループ

運動が終わり、別会場で「自由にお絵かきをしてください」という課題を出されている時、２～３名ずつ呼び出され受けたのが、ここに書かれている質問（口頭試問）ということになります。面接というほどの内容ではありません。コミュニケーションがとれるかどうかということがチェックポイントなので、あまり突拍子もないことを答えなければ、どう答えても問題ありません。「相手の質問を理解して、それに答える」で大丈夫、とお子さまにアドバイスして送り出してください。

【おすすめ問題集】
新口頭試問・個別テスト問題集

筑波大学附属小学校　専用注文書

年　　月　　日

合格のための問題集ベスト・セレクション

＊入試頻出分野ベスト３

1st お話の記憶	2nd 図　形	3rd 制　作
集中力　聞く力　知識	観察力　思考力	観察力　集中力　巧緻性

お話の記憶は、お話が長く、設問も多いことが特徴です。図形は、難しい上に問題数も多いので、時間内に解き終えるための正確さとスピードが求められます。量と質を両立させる学習をめざしましょう。

分野	書　名	価格(税抜)	注文	分野	書　名	価格(税抜)	注文
総合	筑波大学附属小学校 ステップアップ問題集	2,000円	冊	図形	Ｊｒ・ウォッチャー６「系列」	1,500円	冊
記憶	筑波大学附属小学校 新 お話の記憶攻略問題集	2,500円	冊	図形	Ｊｒ・ウォッチャー８「対称」	1,500円	冊
図形	筑波大学附属小学校 図形攻略問題集①	2,500円	冊	図形	Ｊｒ・ウォッチャー９「合成」	1,500円	冊
図形	筑波大学附属小学校 図形攻略問題集②	2,500円	冊	図形	Ｊｒ・ウォッチャー35「重ね図形」	1,500円	冊
巧緻性	筑波大学附属小学校 工作攻略問題集	2,500円	冊	図形	Ｊｒ・ウォッチャー46「回転図形」	1,500円	冊
総合	新 筑波大学附属小学校 集中特訓問題集	2,500円	冊	図形	Ｊｒ・ウォッチャー54「図形の構成」	1,500円	冊
総合	筑波大学附属小学校 想定模擬テスト問題集	2,500円	冊	推理	Ｊｒ・ウォッチャー15「比較」	1,500円	冊
総合	筑波大学附属小学校 ラストスパート	2,000円	冊	数量	Ｊｒ・ウォッチャー41「数の構成」	1,500円	冊
作文	保護者のための筑波大学附属小学校作文対策講座	2,000円	冊		お話の記憶問題集 上級編	2,500円	冊
					実践 ゆびさきトレーニング①②③	2,600円	冊
					新 口頭試問・個別テスト問題集	2,600円	冊
					小学校受験で知っておくべき125のこと	2,600円	冊
					新 小学校受験の入試面接Q & A	2,600円	冊
					新 願書・アンケート文例集500	2,500円	冊

※上記商品の中には、書店では販売していないものもございます。
オンラインショップ、またはお電話・FAX でお申込ください。

合計	冊	円

(フリガナ) 氏　名	電　話 ＦＡＸ E-mail
住 所　〒　　　－	以前にご注文されたことはございますか。 有　・　無

★お近くの書店、または記載の電話・FAX・ホームページにてご注文をお受けしております。
電話：03-5261-8951　FAX：03-5261-8953　代金は書籍合計金額＋送料がかかります。
※なお、落丁・乱丁以外の理由による商品の返品・交換には応じかねます。

★ご記入頂いた個人に関する情報は、当社にて厳重に管理致します。なお、ご購入の商品発送の他に、当社発行の書籍案内、書籍に関する調査に使用させて頂く場合がございますので、予めご了承ください。

日本学習図書株式会社
http://www.nichigaku.jp

2020年度の入試問題

問題27　分野：お話の記憶　　　**Aグループ男子**

〈準備〉　クーピーペン（８色）

〈問題〉　お話をよく聞いて、後の質問に答えてください。

今日は晴れたよいお天気です。クマくんとイヌくん、タヌキくん、サルくんとウサギさんのみんなで、山へキャンプに行きます。待ち合わせした広場には、ヒマワリの花がきれいに咲いていました。そこへクマくんが１番にやってきました。クマくんは、赤い帽子をかぶってリュックサックを背負っていました。その次にやってきたのはタヌキくんで、青色のズボンをはいていました。「おはよう、今日は楽しみだね」と話していると、ほかの動物たちもやってきました。みんなそろったところで、まずキャンプ場で食べるものを買いに行くことにしました。お肉屋さんへ行き、お肉を見ながら「おいしそうだな」とイヌくんが言うと、「お肉だけじゃだめよ。栄養のバランスがあるから、お野菜も食べないとね」とウサギさんが言いました。お肉が置いてある棚の隣にはカレールーがあったので、それも買ってカレーライスを作ることにしました。「僕は辛口でいいよ」とサルくんが言うと、「僕は甘口じゃないと食べられないよ」とクマくんが言いました。ウサギさんが「じゃあ、甘口にしましょう」と言うと、サルくんも賛成しました。「このお肉とカレールーをください」と言って、イヌくんがお金を払いました。次に八百屋さんへ行きました。「わたしはニンジンが大好きだから、ニンジンをいっぱい入れてね」とウサギさんが言うと、イヌくんが「ずるいな、栄養のバランスがあるって言ったのに」と言いました。ウサギさんは「わかったわ。カレールーの箱に書いてある材料を見て、入れる野菜を決めましょう」と言いました。そこで、タヌキくんが「ニンジンを３本、ジャガイモを３個、タマネギを２個ください」と言って、八百屋さんにお金を払いました。そして動物たちは張り切って山へ向かいました。キャンプ場に着くと、さっそくごはん作りにとりかかりました。クマくんは家族でよく山に行くので、キャンプのことをよく知っています。そこでみんなに、「それではカレーライスを作ろうね。まずは、火を起こすよ。ごはんを炊いて、それから野菜も切ってお鍋で煮るんだよ。みんなは何がしたい？」と聞きました。「ぼくは火を起こしたい！」とイヌくんが言うと、ウサギさんは「わたしは何でもいいわ。火を起こす係はジャンケンで決めたらいいよ」と言いました。「最初はグー、ジャンケンポン」ジャンケンをして、イヌくんとサルくんが火を起こすことになりました。２人はマッチで薪に火をつけようとしましたが、なかなか火がつきません。それを見ていたクマくんが、「燃えやすいものに火をつけてから、それで薪に火をつけるといいよ」と言って、キャンプ場の人から新聞紙をもらってきてくれました。それからクマくんはお米を研いで、水といっしょにお鍋に入れてご飯を炊きました。タヌキくんとウサギさんは野菜の皮をむいて、食べやすい大きさに切りました。タヌキくんはタマネギを切りながら「味はおいしいのに、切ると目にしみるよ」と言い、ウサギさんはニンジンとジャガイモを切りながら「うわぁ、おいしそう。このままニンジンを食べてしまいたいわ」と言いました。お肉と切った野菜をお鍋に入れて火にかけ、水を入れてしばらく待つと、お鍋はグツグツ煮えておいしそうなにおいがしてきたので、みんなで「いただきます」と言ったところで、「あれれ、ぼくだけお肉が入ってないよ！」とイヌくんが言ったので、みんなは大笑いしました。みんなで力を合わせて作ったカレーはとてもおいしくて、うれしい気持ちになりました。

（問題27の絵を渡す）
①お話に出てこなかった動物に○をつけてください。
②キャンプ行った時、どんな天気でしたか。選んで○をつけてください。
③八百屋さんでお金を支払ったのは誰ですか。選んで○をつけてください。
④八百屋さんではニンジンをいくつ買いましたか。その数だけ○をつけてください。
⑤誰が火を起こしましたか。○をつけてください。
⑥火を起こす時に使ったものは何ですか。正しいものに○をつけてください。
⑦動物たちが食べたものに○をつけてください。
⑧お話と同じ季節の絵に○をつけてください。

〈時 間〉 各20秒

〈解 答〉 ①右から２番目（ネコ）　②左端（晴れ）　③左から２番目（タヌキ）
④○：３　⑤イヌ、サル　⑥新聞紙、マッチ　⑦右端（カレー）　⑧左端（海）

［2020年度出題］

学習のポイント

当校入試の定番化した問題の中で対策学習が最も必要なのが、「お話の記憶」です。まず必要なのが「聞きながら覚える」という作業ですが、「さあ覚えろ」といっても、お子さまにいきなりできることではありません。当校のお話は1,000文字以上で、しかも１分間で300～400字程度とかなりの速さで読まれます。その速さで読まれている話を、聞く、つまり内容は理解することはできても、その情報を整理して覚え、質問に答えるのは難しいことでしょう。ある程度のテクニックは必要です。まずは、「誰が」「何を」「どうしたのか」といった点に注意しながら、お話の流れについていけるようになりましょう。それができるようになったら、次にお話を場面ごとに思い浮かべならが聞けるようにします。その場面の中に「ニンジンを３本買う」といった細かな表現も織り交ぜられるようになれば、当校の問題に対応できるようになります。

【おすすめ問題集】

★筑波大附属小学校　新お話の記憶攻略問題集★（書店では販売しておりません）
１話５分の読み聞かせお話集①②、お話の記憶 初級編・中級編・上級編、
Ｊｒ・ウォッチャー19「お話の記憶」、34「季節」

問題28　分野：お話の記憶　Aグループ女子

〈準 備〉 クーピーペン（８色）

〈問 題〉 お話をよく聞いて、後の質問に答えてください。

サルくんとクマくんは動物幼稚園の年長組です。もうすぐ運動会なので、「絶対に優勝したい！」と思って今日も公園の広場に練習をしにやって来ました。今日は爽やかに晴れたよい天気です。空にはこいのぼりが泳いでいるのが見えます。サルくんは星の模様のＴシャツ、クマくんは水玉模様のＴシャツを着ていました。年長組は運動会で、２人が横に並び隣り合った片足同士をくっつけて、鉢巻きで結んでいっしょに走る二人三脚という競争をします。「１、２、１、２!」と声をかけながら息を合わせて足を動かしましたが、２人は勢いよく転んでしまいました。「さあ、もう一度だ！」起き上がって何度も挑戦しましたが、なかなかうまくいきません。そのうちにクマくんが「僕、疲れてきたよ」と言ったので、サルくんも「じゃあ、少し休もうか」と言っていっしょにベンチに座りました。クマくんが緑色のタオルで汗をふいていると、そこへ同じ幼稚園の年中組のウサギさんとキツネくんが綱を持って歩いてくるのが見えました。ウサギさんは水玉模様のＴシャツ、キツネくんはしま模様のＴシャツを着ています。「おーい、ウサギさん、キツネくん。何をしているの？」とサルくんが声をかけると、ウサギさんが「運動会の綱引きの練習をしていたけど、キツネくんが強すぎて練習にならないの」と困った顔で言いました。それを聞いたクマくんたちは、「それじゃあ、僕たちが綱引きの練習を手伝ってあげるよ」と言って、ウサギさんとクマくんのチーム、キツネくんとサルくんのチームに分かれて練習を始めました。「ヨーイ、ドン！」のかけ声で「オーエス、オーエス」と綱を引っ張り合いましたが、どちらのチームも強くてお互いに勝ったり負けたりをくり返しまし

た。「綱を握る位置が一番後ろになったら、綱を体に巻きつけて引っ張るといいよ」とクマくんはウサギさんに、サルくんはキツネくんにそれぞれ教えてあげました。教えてもらった後でウサギさんとキツネくんが勝負をすると、さっきまですぐに負けていたウサギさんも強くなっていました。「これなら相手の白組に勝つことができそうだね」とサルくんが言いました。運動会がとても楽しみです。

（問題28の絵を渡す）
①お話に出てきた年長組の動物に○をつけてください。
②お話の中で誰も着ていなかった模様のＴシャツに○をつけてください。
③クマくんが持ってきたタオルの色は何色でしたか。同じ色で○を塗ってください。
④お話に出てきた動物は何人でしたか。その数だけ○を書いてください。
⑤クマくんが綱引きで強くなる方法を教えた人に○をつけてください。
⑥運動会の練習をした日の天気に○をつけてください。
⑦二人三脚の練習で、サルくんとクマくんが足を結んでいたものに○をつけてください。
⑧このお話と同じ季節のものを選んで、○をつけてください。

〈時間〉　各20秒

〈解答〉　①サル、クマ　②右端　③○：緑　④○：４　⑤右から２番目（ウサギ）
⑥左端（晴れ）　⑦右端（はちまき）　⑧右端（サクラ）

［2020年度出題］

学習のポイント

Ａグループ女子で出題された問題です。男子と女子でお話の内容や長さに変化はありません。つまり、ここでも標準より長いお話に数多くの問題が設けてあるので、基本的な考え方は同じになります。つまり、①（お話の）情報を整理しながらストーリー展開をつかむ　②細かな描写を含めて場面をイメージするということです。これに加えてここでは、お話の展開とは関係のない「お話の舞台となる季節はどれか」という質問があります。このお話の展開は常識問題、しかも季節についての問題がほとんどです。もちろん、正解しなくてはいけない問題なので、季節についての知識は持っておかなければなりません。出題の多い花の咲く季節、食材の旬の季節などの知識は押さえておきましょう。

【おすすめ問題集】

★筑波大附属小学校　新お話の記憶攻略問題集★（書店では販売しておりません）
１話５分の読み聞かせお話集①②、お話の記憶 初級編・中級編・上級編
Ｊｒ・ウォッチャー19「お話の記憶」、34「季節」

問題29　分野：お話の記憶　Bグループ男子

〈準　備〉　クーピーペン（８色）

〈問　題〉　お話をよく聞いて、後の質問に答えてください。

今日はクマくんのお家でクリスマス会があります。朝からとても寒いので、ウサギさんは真っ赤なセーターを着て、青いマフラーを首に巻いてクマくんのお家へ出かけていきました。道を歩いていると、途中でリスさんに会いました。リスさんは緑色の帽子をかぶり、青い手袋をしていました。２人がお話をしながらいっしょに歩いていると、空からチラチラと雪が降ってきました。「あっ、雪だ！」とリスさんが言うと、「雪が降るクリスマスなんて、なんだか楽しいね」とウサギさんはウキウキして言いました。そうこうしていると、あっという間にクマくんのお家に着きました。クマくんのお家は２階建てで、ドアが１つと窓が２つあって屋根には煙突がついています。お庭の木の枝には雪がうっすらと積もり、まるで白い花が咲いているようでした。２人が「ピンポーン」と玄関のチャイムを鳴らすと、中からクマくんと、先に着いてパーティーの準備を手伝っていたタヌキくんとキツネさんが出迎えてくれました。「いらっしゃい。僕のお母さんが丸いケーキを焼いてくれたよ。お母さんのケーキはとってもおいしいんだ。みんなで食べよう」とクマくんが言いました。「ケーキを食べる前にクリスマスツリーの飾りつけをお願いね」とクマくんのお母さんは言いました。そこでキツネさんが「星をつけよう」と言うと、みんなも「そうしよう！」と賛成して、星を３つ飾りました。クマくんが「もうちょっときれいにしたいなあ」と言い、星をもう１つ飾ることにしました。さあ、楽しいクリスマス会の始まりです。みんなで「ジングルベル」や「赤鼻のトナカイ」を歌ってから、プレゼント交換をしました。ウサギさんの手袋はクマくんに、クマくんのマフラーはウサギさんに、キツネさんのネックレスはリスさんに、リスさんのクリスマスリースはタヌキくんに、タヌキくんのぬいぐるみはキツネさんに渡りました。プレゼント交換が終わると、クマくんのお母さんが「さあ、どうぞ」とケーキを持ってきてくれました。丸い大きなケーキには、イチゴが５つ乗っています。「いただきまーす！」切り分けたケーキをみんなでおいしくいただきました。１番最初に食べ終わったタヌキくんがふと窓の外を見ると、さっきまで降っていた雪はやんで、辺り一面に積もっていました。「みんなで雪ダルマを作ろうよ」とタヌキくんが言うと、みんなは「賛成！」と言いました。雪で作った大きな丸い球を２つ重ねて緑色のボタンを３つつけ、雪ダルマができあがるころには、あたりは薄暗くなっていました。そろそろお家に帰る時間です。「今日は楽しかったね」とキツネさんが言いました。帰り道で、「わたしは冬休みにおばあちゃんの家に行くことになっているの」とキツネさんが言うと、「僕はスキーに行くんだ」とタヌキくんが言い、「わたしはお父さんたちと暖かいところへ行くわ」とウサギさんが言いました。「わたしはスケートに連れてってもらうの」とリスさんが言いました。みんなで冬休みにする楽しいことのお話をしながらお家に帰りました。

（問題29の絵を渡す）

①クリスマス会の日の天気に○をつけてください。
②リスさんの手袋は何色でしたか。その色のクーピーペンで○を塗ってください。
③クリスマスツリーに飾った星はいくつでしたか。その数だけ○を書いてください。
④雪だるまのボタンはいくつでしたか。その数だけ○を書いてください。
⑤ウサギさんが身に着けていたものに○をつけましょう。
⑥ウサギさんがあげたプレゼントに○をつけましょう。
⑦冬休みにタヌキくんは何をすると言っていましたか。正しいものに○をつけてください。
⑧お話の季節と同じものに○をつけてください。

〈時　間〉　各20秒

〈解　答〉　①右から２番目（雪）　②○：青　③○：４　④○：３
⑤左端、左から２番目　⑥右端（手袋）　⑦左端（スキー）　⑧右端（門松）

［2020年度出題］

学習のポイント

Ｂグループ男子への問題です。前問でも触れた通り、お話が長く設問数も多いため、細かい部分までしっかりと聞き取る必要があります。ふだんからお話や絵本の読み聞かせなどを通して長めのお話に慣れ、集中力を持続しながら聞く習慣を身に付けておくことが大切です。お話を聞く時の「聞き方のコツ」は、「いつ」「だれが」「どこで」「誰と」「なにをした」といった話のポイントをしっかりと捉えることですが、それを強調しすぎると、お話を聞く楽しさをお子さまは味わえず「お話嫌い」になってしまうかもしれません。そうならないように、お子さまの好みそうな楽しい絵本を読み聞かせたり、ＤＶＤを観る時間も作ってください。バランスが大切です。なお、試験でお話が読み上げられる際には、録音されたものが使われます。テレビなどでニュース原稿が読まれるときのように、速度は一定で、抑揚もそれほどありません。保護者の方が目の前でやさしく読んであげるのに比べ、聞き取りが難しくなります。

【おすすめ問題集】

★筑波大附属小学校　新お話の記憶攻略問題集★（書店では販売しておりません）

１話５分の読み聞かせお話集①②、お話の記憶 初級編・中級編・上級編

Ｊｒ・ウォッチャー19「お話の記憶」、34「季節」

問題30　分野：お話の記憶　Ｂグループ女子

〈準 備〉　クーピーペン（８色）

〈問 題〉　お話をよく聞いて、後の質問に答えてください。

青い空が広がった日曜日のことです。前からいっしょにキャンプに行く約束をしていたキツネくんとタヌキくんは、それぞれのお父さんが運転する車に家族で乗って川の近くにあるキャンプ場に行きました。キツネくんは赤い車、タヌキくんは緑色の車です。さっそくキツネくんは、「タヌキくん、川に魚釣りに行こうよ」と誘いました。キツネくんは青いＴシャツを着てバケツと釣りざおを持っています。川に着くと、ウサギのおじさんが魚釣りをしていました。「ここは何が釣れますか？」とキツネくんが聞くと、「ニジマスが釣れますよ」と教えてくれました。２人がそれぞれ釣りを始めようとしているところへ、サルくんとクマくんがやって来ました。「あれっ、キツネくんとタヌキくんもいたの？」とサルくんが声をかけてきました。「さっき、着いたんだ。クマくんたちもいっしょに釣ろうよ」と４人が大きな声でお話ししていると、ウサギのおじさんが「魚釣りはね、静かに待っていないと魚が離れていってしまうんだよ」と教えてくれたので、静かに魚が釣れるのを待ちました。しばらくすると、みんな２匹ずつニジマスを釣ることができました。釣ったニジマスを持ってキャンプ場に戻ると、お父さんとお母さんたちがバーベキューの準備をしていました。「ニジマスが釣れたよ！」と言って、みんなそれぞれお母さんに渡しました。それからクマくんとサルくんは山登りに出かけ、キツネくんとタヌキくんは森に虫捕りに出かけました。森の中にはたくさんの虫がいます。木にはクワガタムシがいて、樹液を吸っています。タヌキくんは「クワガタムシは頭にはさみがあるから、指を挟まれちゃうかもしれないよ」と怖がって、触ることができません。すると「大丈夫だよ。体を持てば挟まれないよ」と、キツネくんがさっとつかんで自分の虫カゴに入れました。少し離れた木で、タヌキくんがカブトムシを見つけました。「僕はカブトムシだったら怖くないよ」と言って捕まえて、虫カゴの中へ入れました。トンボやチョウチョも飛んでいたので追いかけて捕まえようとしましたが、トンボは飛ぶのが速く、チョウチョはひらひらと木のてっぺんまで飛んでいくので、どちらも捕まえられません。今度はセミを見つけました。「ミンミーン」と元気

に鳴いています。キツネくんとタヌキくんは時間が経つのも忘れて虫捕りを楽しみました。セミを４匹捕まえたので、キツネくんとタヌキくんで仲よく半分ずつ分けました。そこへ「そろそろ、夕ごはんの時間よ」とお母さんたちが呼びに来ました。ちょうどその時、クマくんとサルくんもキャンプ場に戻ってきました。「いっぱい遊んでおなかがペコペコでしょう。たくさん食べて、強い子になりましょうね。お相撲で動物に勝った、昔話の金太郎に負けないくらいに」と、キツネくんのお母さんが言いました。タヌキくんは野菜が嫌いなのでお肉ばかり食べていると、タヌキくんのお母さんがお肉といっしょにピーマンとニンジンをお皿に載せてタヌキくんに渡しました。「お肉ばっかりじゃなくて野菜も食べなさい」。タヌキくんは泣きべそをかいてしまいました。「タレをつけるとおいしいよ。少しだけ食べてみたら？」とキツネくんに励まされたタヌキくんは、少しだけ野菜を食べてみました。「これなら食べられそう！」タヌキくんは頑張ってお皿の上の野菜を全部食べました。おなかがいっぱいになったみんなはきれいな星空を見て、その夜は仲よくテントで眠りました。

（問題30の絵を渡す）
①お話に出てこなかった動物に○をつけてください。
②キツネくんが着ていたＴシャツは何色でしたか。その色で○を塗ってください。
③動物たちはニジマスを全部で何匹釣りましたか。その数だけ○を書いてください。
④キツネくんとタヌキくんが捕まえた虫に○をつけてください。
⑤キツネくんとタヌキくんはセミを何匹捕まえましたか。その数だけ○を書いてください。
⑥タヌキくんが、嫌いでも頑張って食べたものに○をつけてください。
⑦キツネくんのお母さんがお話した昔話で、金太郎とお相撲を取った動物に○をつけてください。
⑧お話の季節と同じものに○をつけてください。

〈時間〉　各20秒

〈解答〉　①左端（パンダ）　②○：青　③○：８　④クワガタ、カブトムシ、セミ
⑤○：４　⑥ニンジン、ピーマン　⑦左端（クマ）
⑧右から２番目（風鈴）

［2020年度出題］

学習のポイント

Ｂグループ女子の問題です。当校ではこのように魚や虫など女の子が苦手そうなものも出題されることがあるの注意しておいてください。最低限、過去問や類題に登場したものは覚えておきましょう。このお話ぐらいの長さになってくると、丸暗記するのは大人でも無理です。ポイントを押さえながら聞くということが重要ということがわかるでしょう。登場人物は７人ですが、セリフのない人からたべものの好き嫌いがあるといったキャラクターづけがされている人まで、登場人物の描写に差があることに注目してください。たいていは書き込みの多い登場人物に関する質問が多くなるので、その人物に関する話は特に注意して聞いておいた方がよいということです。⑦はお話には関係のない、「金太郎」に関する問題です。有名なお話に関する質問は、このように「ノーヒント」で出題されることがあるので、これに関する知識も必要です。

【おすすめ問題集】

★筑波大附属小学校　新お話の記憶攻略問題集★（書店では販売しておりません）
１話５分の読み聞かせお話集①②、お話の記憶 初級編・中級編・上級編
Ｊｒ・ウォッチャー19「お話の記憶」、34「季節」

問題31　分野：お話の記憶　Cグループ男子　集中　聞く

〈準備〉　クーピーペン（８色）

〈問題〉　お話をよく聞いて、後の質問に答えてください。

乗りものが大好きなたろうくんは、幼稚園から帰って色鉛筆で新幹線の絵を描いています。お母さんが夕ごはんの支度をしながら、「お父さんが帰ってきたわよ。お絵描きの続きは後にして、お父さんといっしょにお風呂に入ってね」と言いました。たろうくんが玄関にお父さんを迎えに行くと、お父さんは「ただいま」と言って、靴を脱ごうとしてしゃがみました。そのとき、お父さんのお尻のポケットから、何かが落ちました。たろうくんが笑いながら「お帰りなさい。お財布が落ちたよ」と言うと、お父さんは財布を探してキョロキョロと周りを見ます。その間にたろうくんは玄関に飾ってあったススキを手に取って、お父さんのお尻をくすぐりました。お父さんは「くすぐったーい」と言って、たろうくんを捕まえてくすぐり返しました。２人が玄関で大笑いをしていると、お母さんが「早くお風呂に入りなさい」と怒って言いました。「はーい！」とたろうくんは答えて、お風呂に入る準備をしました。お風呂の中で、２人はしりとりをしました。お父さんが「コマ」と言うと、たろうくんは「まり」、お父さんが「リンゴ」、たろうくんが「ゴリラ」と続けました。ゆっくりとお風呂に入り、夕ごはんを食べ終わるともう８時になっていました。いつもなら寝る時間なのでたろうくんはびっくりして、慌てて新幹線の絵の続きを色鉛筆で描いてから、布団に入りました。あまりにも慌てていたので、色鉛筆を片づけることを忘れてしまいました。夜、たろうくんの家族が寝静まったころ、赤と黄色と緑と黒の色鉛筆が動き出しました。「僕たちで新幹線の絵を描こう」と赤が言うと、「いいよ！」とほかの色たちも元気に絵を描き始めました。そして、赤い新幹線と緑の電車が描けました。黒がＳＬ機関車を描いていると、「僕も入れて」と茶色もやって来て線路を描きました。それを見て、ＳＬ機関車が「わーっ、かっこよくなったね！」と喜びました。黄色も新幹線を描こうとしましたが朝になってしまい、色鉛筆たちは急いで元いた場所に散らばって寝転がりました。そこへお母さんが起きてきて、たろうくんの部屋をのぞきました。「あら、いつの間にこんなに新幹線や電車の絵を描いたのかしら」。窓の外は晴れていて、イチョウやモミジの葉っぱがきれいに色づいていました。

(問題31の絵を渡す)
①しりとりでお父さんが言ったものに○をつけてください。
②お母さんが「早くお風呂に入りなさい」と言った時の顔で正しいものに○をつけてください。
③絵を描いた色鉛筆は全部でいくつですか。その数だけ○をつけてください。
④ＳＬ機関車の絵を描いた色鉛筆は何本でしたか。その数だけ○をつけてください。
⑤たろうくんが描いたものに○をつけてください。
⑥朝になったので、絵を描くことができなかった色鉛筆は何色でしたか。その色で○を塗ってください。
⑦このお話と同じ季節のものを選んで、○をつけてください。
⑧たろうくんがいつも寝る時間をさしている時計に○をつけてください。

〈時間〉　各20秒

〈解答〉　①コマ、リンゴ　②右端　③○：４　④○：２
⑤右から２番目（新幹線）　⑥○：黄色　⑦左端（お月見）
⑧右端

［2020年度出題］

学習のポイント

Ｃグループ男子の問題です。当校の「お話の記憶」では、お話に登場する「色」についての問題がよく出題されています。たいていは登場人物が身に着けていたもの、持っていたもの、食べたものといったものの色を答えるものですが、ここでは「使った色鉛筆の数」という形で、使った色の数まで聞かれています。これは前述したように「場面をイメージしながら聞く」という聞き方をしないと覚えられるものではありません。また、「いくつあった」「いくつもらった」といった数に関する質問には、特別に対処をした方がよいでしょう。「あわせていくつ」といった形で聞かれることは少ないので「３本」「８時」といった形でお話に数字が登場した時には、頭の中で復唱するのです。自然と覚えられるというお子さまには必要ないでしょうが、長いお話に混乱しがちなお子さまには効果的です。

【おすすめ問題集】

★筑波大附属小学校　新お話の記憶攻略問題集★（書店では販売しておりません）
１話５分の読み聞かせお話集①②、お話の記憶 初級編・中級編・上級編、
Ｊｒ・ウォッチャー19「お話の記憶」、34「季節」

問題32　分野：お話の記憶

Ｃグループ女子　集中　聞く

〈準備〉　クーピーペン（８色）

〈問題〉　お話をよく聞いて、後の質問に答えてください。

お花が大好きなゆうこさんは、お花の絵を描くのも大好きです。今日は雨がしとしとと降っています。「明日は晴れるかな」と考えながら白い画用紙に赤の色鉛筆でバラの花を描いていると、お母さんが「お風呂に入りましょう」と言いました。ゆうこさんはいつも７時になったらお風呂に入り、８時になったら寝ると約束しています。ゆうこさんは、お風呂に入りながらお母さんとしりとりをしました。ゆうこさんが「山」と言うとお母さんが「まり」、ゆうこさんが「リス」、お母さんが「スイカ」と続けました。お風呂を出てからお絵描きの続きをしていると、眠くなってきて、ゆうこさんは色鉛筆を片付けずに、雨の音を聞きながらそのまま寝てしまいました。夜、ゆうこさんの家族がすっかり寝静まったころ、カタカタと色鉛筆たちが動き出しました。箱の中にいた色鉛筆の緑が、黄色に話しかけます。「黄色さん、いっしょに画用紙に絵を描こうよ」。「いいよ」。そう言うと２本は箱から飛び出して、黄色は画用紙にヒマワリの花びらを描き始めました。「黄色さん、きれいね。でも緑の花はないから、わたしは何を描いたらいいのかしら」と緑は寂しそうに言いました。そこへ、箱の外で寝ていたほかの４色の色鉛筆もやって来ました。ピンクがサクラの花を描きました。「まあ、すてき。でも緑の花はないから、わたしは何を描いたらいいのかしら」と寂しそうに緑は言いました。そこへ青がやって来てアジサイの花を、紫はアサガオの花を描きました。「まあ、すてき。でも緑の花はないから、わたしは何も描けないわ」と緑はしょんぼりしています。そこへ赤がやって来て言いました。「どうしたの？」「わたしは何も描くものがないの」。すると、赤がよいことを思いつき、「わたしがチューリップの花を描くから、緑さんは葉っぱを描いてね」と言いました。緑は喜んで、チューリップの茎と葉っぱを描きました。朝になり少しずつ明るくなってきたので、色鉛筆たちは静かに元の場所へ戻りました。７時になると、お母さんがゆうこさんを起こしに来ました。「７時よ、起きなさい。あら、すてきな絵ね」窓の外は雨がやんで虹が出ていました。そして虹の下には、こいのぼりが風に吹かれて気持ちよさそうに泳いでいました。

（問題32の絵を渡す）
①ゆうこさんがしりとりで言ったものに○をつけてください。
②ゆうこさんは何の絵を描くことが好きですか、選んで○をつけてください。
③ゆうこさんが寝る前の天気に○をつけてください。
④箱の中にいた色鉛筆は何色でしたか。その色のクーピーペンで○を塗ってください。
⑤箱の外にいた色鉛筆は何本でしたか。その数だけ○を書いてください。
⑥青が描いたものに○をつけてください。
⑦このお話と同じ季節のものを選んで、○をつけてください
⑧ゆうこさんが起きる時間をさしている時間に○をつけてください。

〈時間〉　各20秒

〈解答〉　①左端（山）、右端（リス）　②右端（花）　③左端（雨）　④○：緑、黄色
⑤○：４　⑥右から２番目（アジサイ）　⑦右から２番目（カブト）
⑧右から２番目

［2020年度出題］

学習のポイント

Ｃグループ女子の問題です。この問題でもお話に登場する「色」や「時間」についての問題があります。月齢の低いお子さまには難しいと思われる問題ですが、当校のお話の記憶ではその点についてはあまり斟酌されないようです。解き方は同じく「場面をイメージしながら聞く」ということになります。色鉛筆同士が話したりと、大人から見るとイメージしにくいと思われる場面もありますが、先入観のないお子さまには逆に簡単なことかもしれません。また、この問題のようにお話の内容とはあまり関係のない質問が多いと、集中してお話を聞く必要がないようにも思えます。しかし、「～色の～」とイメージするよりは、「青鉛筆が黄色鉛筆に～と言った」という場面をイメージする方が具体的でイメージしやすく記憶に残りやすいので、集中して正確に聞くことはやはり必要なのです。

【おすすめ問題集】

★筑波大附属小学校　新お話の記憶攻略問題集★（書店では販売しておりません）
１話５分の読み聞かせお話集①②、お話の記憶 初級編・中級編・上級編、
Ｊｒ・ウォッチャー19「お話の記憶」、34「季節」

問題33　分野：図形（構成）

Ａグループ男子　観察　考え

〈準備〉　クーピーペン（赤）

〈問題〉　**この問題の絵は縦に使用してください。**
１番上の段の絵を見てください。左の四角の図形を組み合わせてできる形に○をつけてください。図形は向きを変えても構いませんが、裏返しや重ねることはできません。１枚目の問題が終わったら、２枚目も同じように続けてください。

〈時間〉　３分

〈解 答〉　下図参照

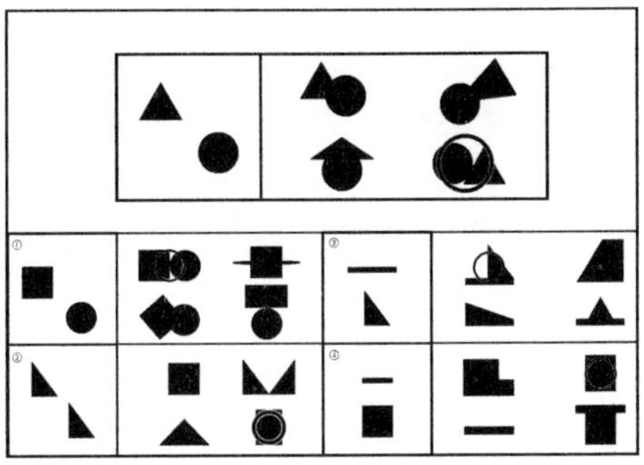

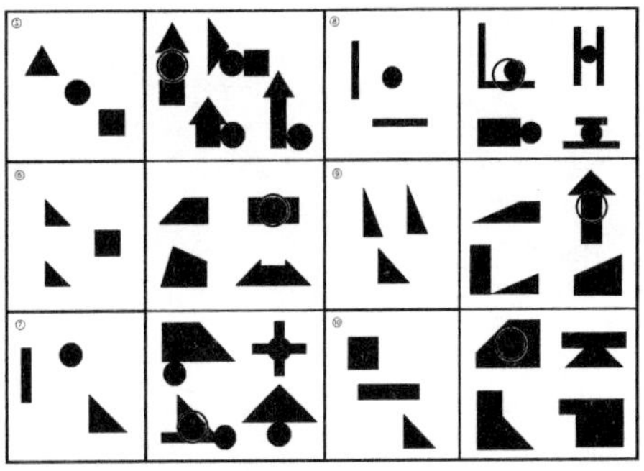

［2020年度出題］

学習のポイント

当校入試では図形分野の問題も設問の数が多く、正確さとスピードが要求される作りになっています。この問題は図形の合成の問題ですが、基本的な解き方、つまり見本の図形と選択肢の図形を見比べながら、見本の形をいちいち確認するという方法では時間内に解くことは難しいかもしれません。そこでおすすめしたいのが、選択肢の図形に補助線を引きながら判断していく方法です。例えば見本の形が三角形と円の組わせであれば、選択肢の図形に三角形があらわれるように補助線を引きます。三角形に円が食い込んでいるような形なら、欠けている三角形の１辺をつなぐイメージです。この補助線を引くと少なくとも三角形の形・大きさがわかるので、すぐに判断できるというわけです。

【おすすめ問題集】

★筑波大附属小学校図形攻略問題集①②★（書店では販売しておりません）
Ｊｒ・ウォッチャー９「合成」

問題34　分野：図形（構成）

Aグループ女子　観察　考え

〈準 備〉　クーピーペン（青）

〈問 題〉　１番上の段の絵を見てください。左の四角の図形を組み合わせができない形に○をつけてください。図形は向きを変えても構いませんが、裏返しや重ねることはできません。１枚目の問題が終わったら、２枚目も同じように続けてください。

〈時 間〉　３分

〈解 答〉　下図参照

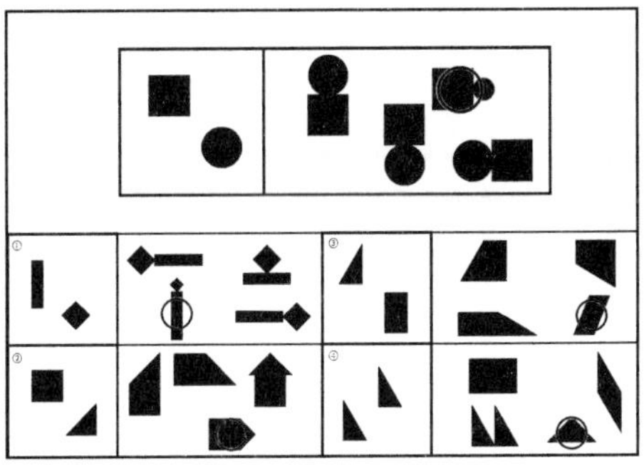

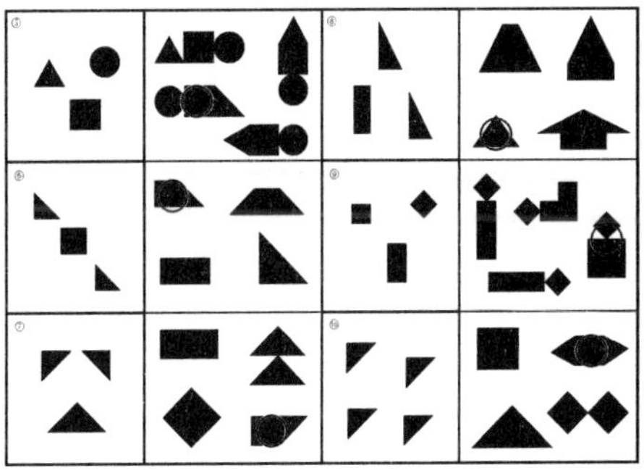

［2020年度出題］

学習のポイント

Ａグループの女子も男子と同様に図形の合成の問題ですが、女子は「（合成）できない形を見つける」という聞き方になっています。「できないものを見つける」という問題は一見難しそうに見えますが、「消去法」が使えるので男子よりは簡単に答えがわかるかもしれません。具体的には見本の形の１つを選び、選択肢の形と照合し、合っていないものが答えになります。例えば例題の見本は●と■ですが、試しに●から選択肢の形と見比べてみます。すると、見本に比べ小さい●を使った選択肢が１つあります。見本の●と■をどのように重ねてもこの図形はできないので、これが答えになります。ただし、３つ以上の形を合成する場合（⑤～⑧）は、重なり方によっては混乱してしまうので、前問の「図形を分割する補助線を引く」という方法の方がわかりやすいかもしれません。お子さまの理解しやすい考えで指導してください。

【おすすめ問題集】

★筑波大附属小学校図形攻略問題集①　②★（書店では販売しておりません）
Ｊｒ・ウォッチャー９「合成」

問題35　分野：図形（対称図形）

Ｂグループ男子　観察　考え

〈準備〉　クーピーペン（赤）

〈問題〉　１番上の絵を見てください。左のマス目の中に、●と○があります。○が●を飛び越えて反対側に動くと、それぞれどのようになりますか。○が移動するところに○を書いてください。○がマス目の外に行く時には○を書いてはいけません。
１枚目の問題が終わったら、２枚目も同じように続けてください。

〈時間〉　３分

〈解答〉　下図参照

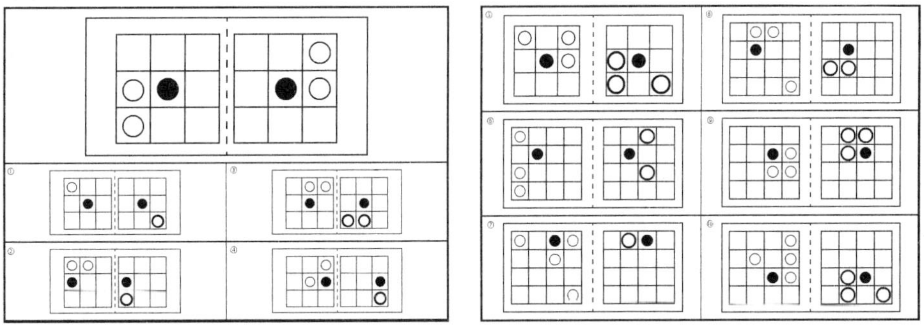

［2020年度出題］

学習のポイント

Ｂグループ男子には、対称図形の問題が出題されました。「○が～に移動します、ほかのものはどのようになりますか」という聞き方をしています。普通の対称ではなく「ななめ」にも移動があるので、「左右」と「上下」を足したような変化を意識する必要があるのでお子さまには難しい問題といえます。そのことがわかるのは⑤からの問題でしょう。位置の移動や図形回転ではないので悪く言えば「ひっかけ」の問題ですから、「こういう出題もある」と知っておけばよい、ですませることもできますが、とりあえずの対策を考えてみましょう。まず、問題文をよく聞きその内容を正確に理解するのは当たり前として、「問題文以上のことは予測しない」ようにしましょう。次に「勘違いしたことがわかったら、すぐに最初の問題に戻る」ということ。警戒して取り掛かりが遅くなるより、結果的に多くの問題に答えることができます。なお、「○がマス目の外に行くことがある」という問題文から、対称図形の問題と判断するのは、お子さまにとってはかなり難しいことです。

【おすすめ問題集】

★筑波大附属小学校図形攻略問題集①②★（書店では販売しておりません）
Ｊｒ・ウォッチャー８「対称」

問題36　分野：図形（回転図形・重ね図形）

Ｂグループ女子　観察　考え

〈準備〉　クーピーペン（青）

〈問題〉　１番上の絵を見てください。矢印がついている図形を矢印の方向に傾かせ、その隣の図形に重ねます。その時に○がないマス目はどこでしょうか。右端の四角のその位置に○を書いてください。１枚目の問題が終わったら、２枚目も同じように続けてください。

〈時間〉　３分

〈解答例〉　下図参照

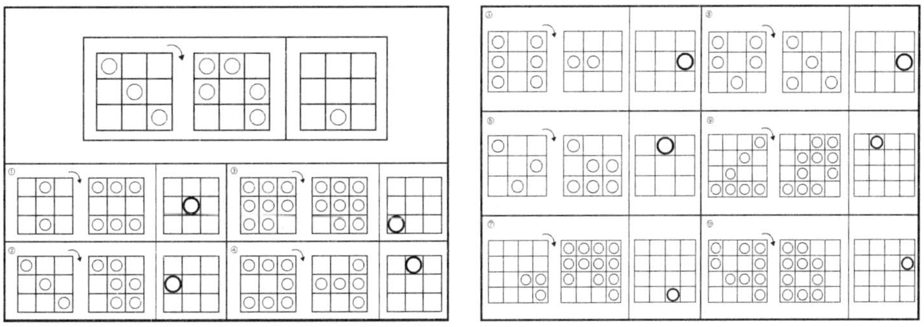

［2020年度出題］

学習のポイント

Ｂグループ女子の問題です。絵を回転させてから重ねるという２段階の変化があるので、かなり難しく見えますが、「○がないところを答える」という聞き方なので効率よく答えることもできます。具体的な答え方としては、①頭の中で左の図形を回転させ、移動した○を真ん中のマス目に書き込む。②そこで空欄になっているのが答えなので、右のマス目の正しい場所に○を書き込む。ということになります。①は図形全体ではなく、移動した○を１つずつ書いてもよいでしょう。全体としてみれば当校としては珍しく単純な問題と言えます。⑤～からマス目が４×４になっていますからさらに複雑に見えますが、切り分けて考えればそれほど難しくないでしょう。確実に答えておきたい問題です。

【おすすめ問題集】

★筑波大附属小学校図形攻略問題集①②★（書店では販売しておりません）

Ｊｒ・ウォッチャー35「重ね図形」、46「回転図形」

問題37　分野：図形（系列）

Cグループ男子　観察　考え

〈準　備〉　クーピーペン（赤）

〈問　題〉　図形に書かれている記号はお約束にしたがって並んでいます。空いている太い四角の中にはどのような記号が入るでしょうか。その記号を太い四角の中に書いてください。

〈時　間〉　３分

〈解　答〉　下図参照

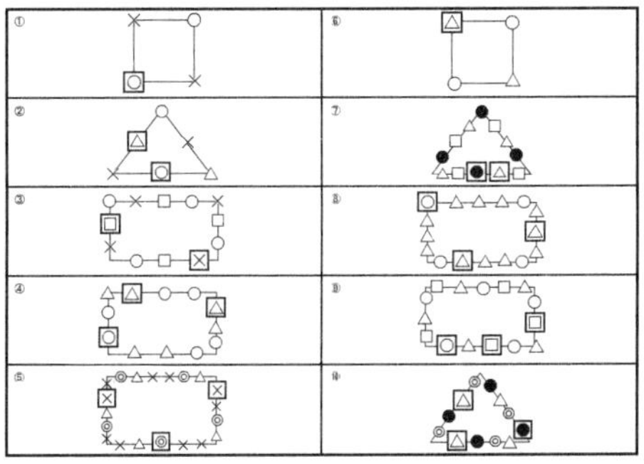

[2020年度出題]

学習のポイント

Ｃグループ男子の問題ですが、当校ではめったに出題されない「系列」の問題です。系列は本問のように、あるパターンで並んでいる記号や絵の一部が空欄になっており、その空欄に当てはまる記号を書く、選ぶといった問題がほとんどでしょう。よく知られたテクニックに、「同じ記号や絵を探してそれぞれ別の指で押さえ、その指の間隔を保ったまま「？」になっているマスに、一方の指を移動させて解答を導く」という方法がありますが、ここではマスが直線に並んでいないので使えません。これは「ハウツーを使って正解を出しても意味がない、よく考えて答えてください」というメッセージと考えましょう。同じ問題の中に必ず答えとなる記号があり、空欄となっているマスの数も多くありません。どんなパターンで並んでいるのかから考えても、充分答えられる時間の余裕があります。

【おすすめ問題集】

★筑波大附属小学校図形攻略問題集①②★（書店では販売しておりません）
Ｊｒ・ウォッチャー６「系列」

問題38　分野：図形（系列）

Ｃグループ女子　観察　考え

〈準備〉　クーピーペン（青）

〈問題〉　図形に書かれている記号はお約束にしたがって並んでいます。空いている【　】の中にはどのような記号が入るでしょうか。その記号を太い四角の中に書いてください。

〈時間〉　３分

〈解答例〉　下図参照

① ○→×→○→【×】→○→×	⑦ ×→△→○→【×】→△→【○】
② ●→□→△→●→□→【△】	⑧ ●→▲→【■】→【●】→▲→■→【●】→▲→■→●
③ ○→△→○→【△】→【○】→△	⑨ 【×】→×→△→●→×→×→【△】→●→×→【×】
④ 【○】→△→【●】→○→△→●	⑩ △→【○】→◇→◇→△→○→◇→【◇】→△→【○】
⑤ △→【●】→×→【△】→●→×	⑪ △→【□】→◇→□→【△】→□→【◇】→□→△→□
⑥ ○→【◇】→○→◇→【○】→◇	

［2020年度出題］

学習のポイント

Cグループ女子も、過去10年以上出題のない「系列」の問題です。この問題は直線上に記号が並んでいるので、「同じ記号や絵を探してそれぞれ別の指で押さえ、その指の間隔を保ったまま、「？」になっているマスに、一方の指を移動させて解答を導く」という方法が⑤までは使えます。ただし、それ以降は同じ記号が２回以上出てきたり、「？」になっている部分が多かったりで、そのテクニックを使うとかえって混乱しそうです。純粋にどのようなパターンかを考えた方が早く、正確に解答できます。なお、判断が分かれるところなのですが、弊社では系列の問題を推理分野の問題として扱っています。パターンを類推するには「ここが～だから、空欄に当てはまるのは～だ」という論理的思考が系列の問題には必要だからです。なお、解答例となっているのは⑥などはほかの答えも考えられるからです。

【おすすめ問題集】

★筑波大附属小学校図形攻略問題集①②★（書店では販売しておりません）
Ｊｒ・ウォッチャー６「系列」

問題39　分野：制作

Aグループ男子　聞く　創造

〈準　備〉　丸が印刷された顔の台紙1枚、長方形１／４サイズの折り紙（赤、4枚）、丸シール（赤、１枚）、ひも（赤、１本）、クーピーペン（緑）、スティックのり

〈問　題〉　この問題は絵を参考にしてください。
これから「イモムシ」を作ってもらいます。

①丸が印刷された台紙の小さな２つの丸を緑のクーピーペンで塗ってを作り、その下に口を描いて顔にしたら周りをちぎりましょう。
②折り紙４枚の外側が赤、白、赤、白の順番になるように輪つなぎをしましょう。
③輪つなぎの端に、顔を後ろから丸シールで貼って留めましょう。
④おしり側の輪にひもを通して、チョウ結びをしましょう。

〈時　間〉　５分

〈解　答〉　省略

［2020年度出題］

学習のポイント

例年と同じく、教室の最前列にモニターが置かれ、試験中はそこに制作のお手本が映し出されるという形で行われました。作業中にお手本を見直すことはできるので作業を忘れたり、自信がなくなった時にはすぐに確認してください。というのは作業内容自体が簡単になる傾向があるので、時間に比較的余裕があること、つまり時間内に完成させるお子さまが多いので、指示間違いなどのケアレスミスでしか差がつかないからです。この制作で行う作業は、「紙をちぎる・折る・貼る」「輪をつなぐ」「色を塗る」などです。「ちぎる」はともかく、ほかの作業はほかの学校の入試でもよく見られるものですから、特別な準備は必要ないでしょう。過去問や類題集などで経験しておけば、問題なく行えるレベルのものです。

【おすすめ問題集】

★筑波大附属小学校工作攻略問題集★（書店では販売しておりません）
実践 ゆびさきトレーニング①②③
Ｊｒ・ウォッチャー23「切る・貼る・塗る」

問題40　分野：制作

Aグループ女子　聞く　創造

〈準備〉　女の子が印刷された台紙（穴が開いている、１枚）、正方形１／４サイズの折り紙（赤、２枚）、丸シール（赤、１枚）、ひも（赤、１本）、クーピーペン（赤）、スティックのり

〈問題〉　この問題は絵を参考にしてください。
これから「動物園」を作ってもらいます。

①折り紙１枚を半分に折って三角を作り、三角の折れ線のところを折り上げて帽子を作ってください。それを台紙の女の子の頭にスティックのりで貼ってください。
②丸シールを帽子に貼ってください。
③旗の中の丸を赤のクーピーペンで塗ってください。
④折り紙１枚を長方形になるよう半分に折ってからちぎり、ギザギザの柵の線の横に動物園の門になるようにスティックのりで貼ってください。
⑤台紙のギザギザの柵の線の真ん中にクーピーペンで線を引いてください。
⑥柵の中に４本足の動物を描いてください。
⑦台紙の穴にひもを通して、チョウ結びをしてください。

〈時間〉　５分

〈解答〉　省略

[2020年度出題]

学習のポイント

Ａグループ女子の課題です。やはり、作業内容は年々単純なものになっていますが、この課題は比較的作業の種類が多く、それにともなって指示も複雑になっています。手元の材料に気をとられたりしないで、指示をしっかりと理解しましょう。④→⑤のように「～したものに線を引く」といった２段階の指示もあるので手順も守る必要があります。前問とは違い、時間的余裕がないので出来映えにあまり気を使わなくてもよいでしょう。当校入試は特にその傾向が強いのですが、評価の基準は結果ではなく過程です。年齢なりの作業ができないと評価されるような出来のものを作るのはよくないですし、失敗するのもよくないですが、指示を守らないよりは「マシ」なのです。

【おすすめ問題集】

★筑波大附属小学校工作攻略問題集★（書店では販売しておりません）
実践 ゆびさきトレーニング①②③
Ｊｒ・ウォッチャー23「切る・貼る・塗る」

問題41 分野：制作

Bグループ男子　聞く　創造

〈準備〉 ビニール袋１枚、丸が書かれた目玉の台紙１枚、正方形１／４サイズの折り紙（赤、１枚）、四角シール（白、１枚）、丸シール（白、１枚）、ひも（赤、１本）、クーピーペン（青）、スティックのり

〈問題〉 この問題は絵を参考にしてください。
これから「おばけ」を作ります。

①ビニール袋をふくらませて、袋の口を四角シールで留めてください。
②目玉の中の丸を青のクーピーペンで塗り、外側の丸を線でちぎってビニール袋にスティックのりで貼ってください。
③丸シールをもう片方の目玉にして貼ってください。
④折り紙を半分折って、三角にしてください。それでおばけの口が完成です。それをスティックのりでビニール袋に貼ってください。
⑤ビニール袋の口にひもを巻いて、チョウ結びをしてください。

〈時間〉 適宜

〈解答〉 省略

学習のポイント

Ｂグループ男子への課題です。ほかのグループと同じく、当校入試の過去の問題に比べれば簡単な課題になっています。指示もそれほど複雑ではないので、適当に指示を聞いていても、結果は同じかもしれません。②の「ちぎり」以外は経験のある作業ばかりでしょうから、言われた通りの順番で落ち着いて行ってください。もし時間があまっても、気に入らないところを直したりはしないでください。修正しようとすると、余計におかしくなることもありますし、何より手順を守っていないと思われるとよくありません。なお、⑤のひも結びは必ず出題されるので、チョウ結び、固結びともに練習しておきましょう。

【おすすめ問題集】

★筑波大附属小学校工作攻略問題集★（書店では販売しておりません）
実践 ゆびさきトレーニング①②③
Ｊｒ・ウォッチャー23「切る・貼る・塗る」

問題42　分野：制作

Ｂグループ女子　聞く　創造

〈準 備〉　ウサギが書かれている台紙１枚、丸が書かれている台紙１枚、四角シール（黄色、１枚）、正方形１／４サイズの折り紙（赤、１枚）、ひも（赤、１本）、クーピーペン（青）、スティックのり

〈問 題〉　**この問題は絵を参考にしてください。**
これから「ウサギのパンケーキ」を作ります。

①ウサギのエプロンのポケットを青のクーピーペンで塗り、顔を描いてください。
②台紙の丸をちぎって、ウサギが持っているフライパンの真ん中にある×にスティックのりで貼ってください。その上に、四角シールを貼ってパンケーキにしてください。
③折り紙を、２回折って小さい三角を作り、それを帽子にし、ウサギの頭にスティックのりで貼ってください。
④台紙の穴にひもを通して、チョウ結びをしてください。

〈時 間〉　５分

〈解 答〉　省略

［2020年度出題］

学習のポイント

Ｂグループ女子への問題です。内容は男子のものより少し複雑になっていますが、「色を塗る」「紙をちぎる」「のり付け」「折る」「チョウ結び」という作業内容はほぼ同じです。指示が複雑で作業の種類が多かった過去の入試と比べても仕方がありませんが、それにしても傾向が変わっています。この内容だとさすがに時間内に作業が終わらないとよい評価は得られません。確実に作業を行って、完成させましょう。ちなみにどの課題でも登場する「ちぎり」ですが、爪であらかじめ線を引き、それに沿ってちぎるという方法もあるようです。時間に余裕があれば行ってみてください。

【おすすめ問題集】

★筑波大附属小学校工作攻略問題集★（書店では販売しておりません）
実践 ゆびさきトレーニング①②③
Ｊｒ・ウォッチャー23「切る・貼る・塗る」

問題43　分野：制作

Ｃグループ男子　聞く　創造

〈準 備〉　太線が書かれている台紙（穴が開いている、１枚）、画用紙（2.5×10センチ、赤、１枚）、目玉が書かれている台紙１枚、大きい丸シール（黒、１枚）、小さい丸シール（白、１枚）、ひも（赤、１本）、クーピーペン（ピンク）、スティックのり

〈問 題〉　**この問題は絵を参考にしてください。**
これから「べろべろくん」を作ります。
①台紙の穴が下になるように置いて、上の部分を太線のところで下向きに折ってください。
②目玉の中の丸をピンクのクーピーペンで塗り、外側の丸い線でちぎってください。
③大きい丸シールの上に小さい丸シールを貼って目玉にし、折った台紙の上の面に貼ってください。
④ピンクの目玉も折った台紙の上に面にスティックのりで貼ってください。
⑤赤い画用紙を指に巻きつけて丸め、折った台紙の上の面に裏側からスティックのりで貼ってください。
⑥台紙の穴にひもを通して、チョウ結びをしてください。

〈時 間〉　５分

〈解 答〉　省略

［2020年度出題］

学習のポイント

Ｃグループ男子への問題です。制作問題ではあまり月齢による配慮はないようで、比較的難しい作業が入っています。⑤の「赤い画用紙を指に巻きつけて丸める」というのは、長方形の画用紙を指に巻きつけて曲げ、「べろべろくんの舌」を作る工程です。ＶＴＲで工程を観ればわかるとは思いますが、この問題集を見て制作する場合は保護者の方から補足の説明するか、お手本を見せてあげてください。それ以外の作業はほかのグループと変わらない作業なので解説は必要ありません。月齢に関係なく時間内に終わる作業内容です。問題があるようなら道具の使い方、指示の聞き方などを含めて対策を行ってください。

【おすすめ問題集】

★筑波大附属小学校工作攻略問題集★（書店では販売しておりません）
実践 ゆびさきトレーニング①②③
Ｊｒ・ウォッチャー23「切る・貼る・塗る」

問題44　分野：制作

Ｃグループ女子　聞く　創造

〈準　備〉　太線と丸が書かれた台紙（穴が開いている、１枚）、画用紙（赤、2.5×15センチ、１枚）、目玉が描かれた台紙１枚、丸シール（黒、１枚）、ひも（赤、１本）、クーピーペン（ピンク）、スティックのり

〈問　題〉　**この問題は絵を参考にしてください。**
これから「鳥」を作ります。

①丸が見えるようにして、台紙の上と下を太線のところで後ろ側に折り曲げてください。
②目玉の中の丸をピンクのクーピーペンで塗り、外側の丸い線でちぎってください。
③折った台紙の丸の中に丸シールを貼り、目玉にしてください。
④ピンクの目玉も折った台紙にスティックのりで貼ってください。
⑤赤い画用紙を２回半分に折り、両端の面を重ねて三角の形を作り、くちばしにしてスティックのりで台紙に貼ってください。
⑥台紙の穴にひもを通して、チョウ結びをしてください。

〈時　間〉　５分

〈解　答〉　省略

［2020年度出題］

学習のポイント

Ｃグループ女子への問題です。やはり月齢に配慮はなさそうで、ほかのグループと同じ作業内容です。ですので、注意するポイントも同じになります。一言で言うなら「指示をよく聞いて、その通りの手順で時間内に作る」となります。もう１つ付け加えるとすれば、周りの様子を気にしないこと。（試験の）グループ内で自分より先に「できた」などというお子さまがいても、焦ったりしないようにしてください。作業の速さを競っているわけではないので、時間内にできれば評価は同じです。なお、こうした制作の問題では、できれば試験で使われた材料・道具を使ってください。紙の質によってちぎりなどの難しさは違いますし、文房具１つとっても経験のあるなしで作業の速さが違ってきます。

【おすすめ問題集】

★筑波大附属小学校工作攻略問題集★（書店では販売しておりません）
実践 ゆびさきトレーニング①②③
Ｊｒ・ウォッチャー23「切る・貼る・塗る」

問題２７

①

②

③

④

⑤

⑥

⑦

⑧

問題２８

①

②

③

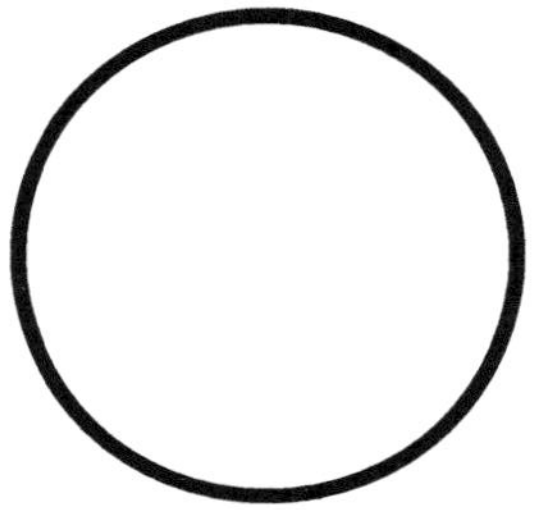

④

⑤

⑥

⑦

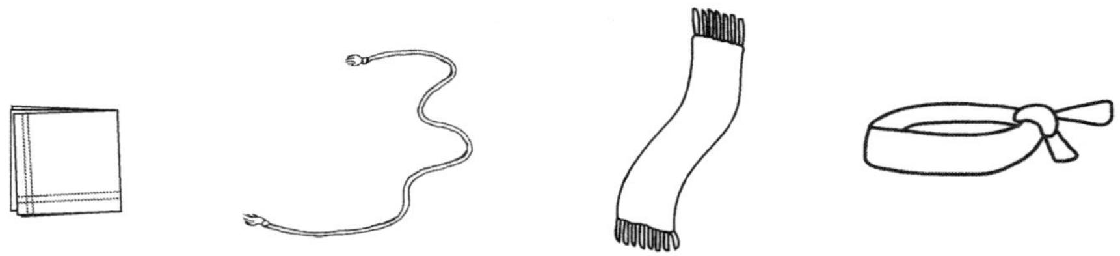

⑧

問題２９

①

②

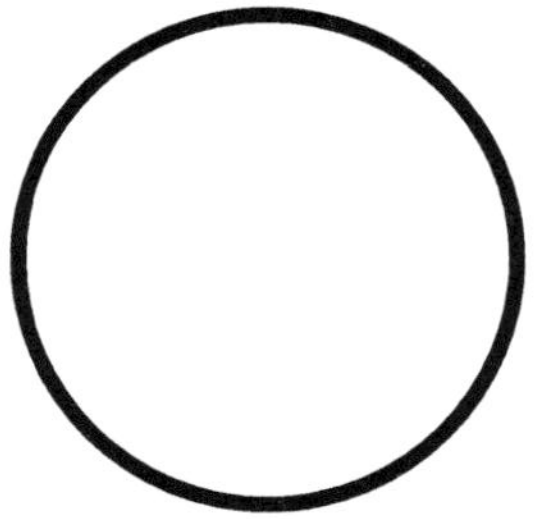

③

④

⑤

⑥

⑦

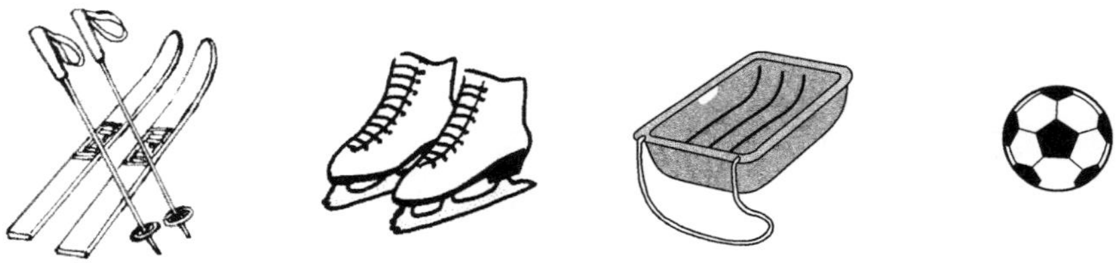

⑧

問題３０

①

②

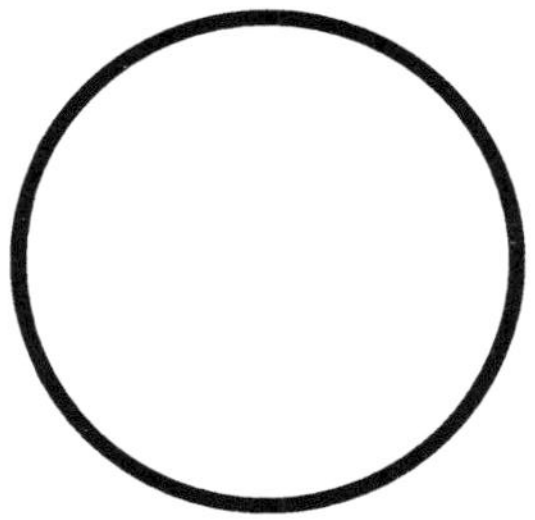

③

④

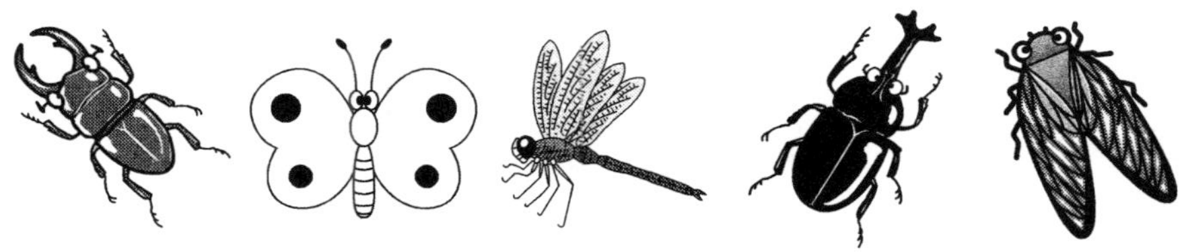

⑤

⑥

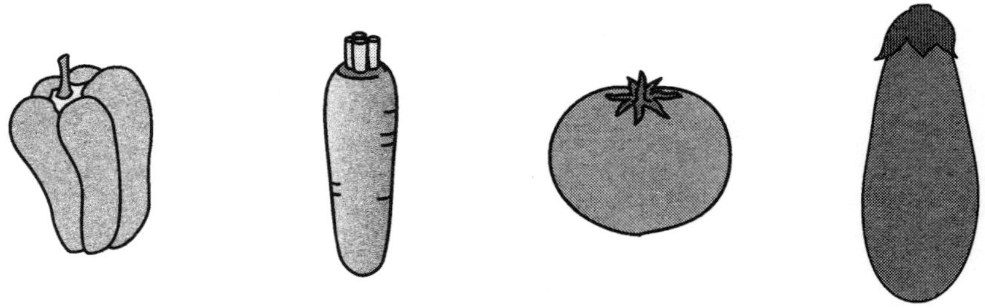

⑦

⑧

問題３１

①

②

③

④

⑤

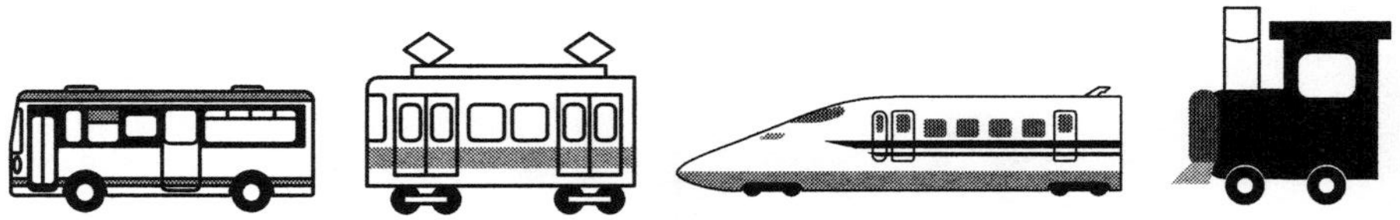

⑥

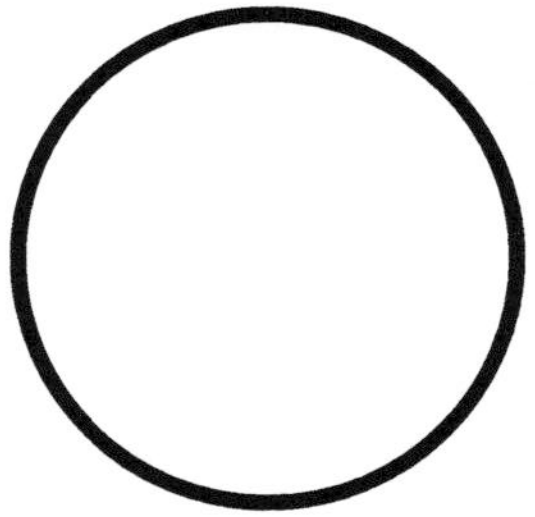

⑦

⑧

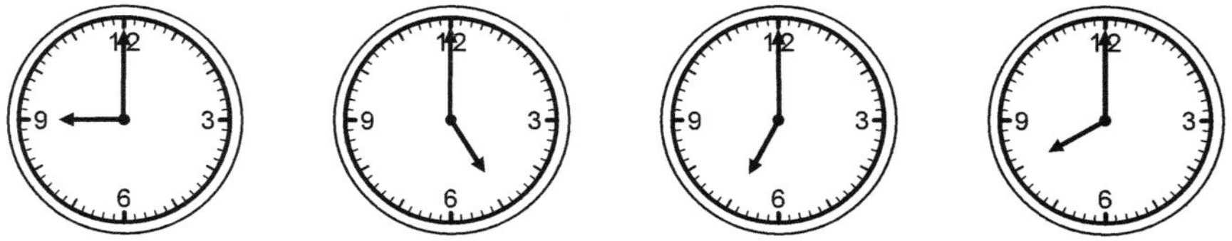

問題３２

①

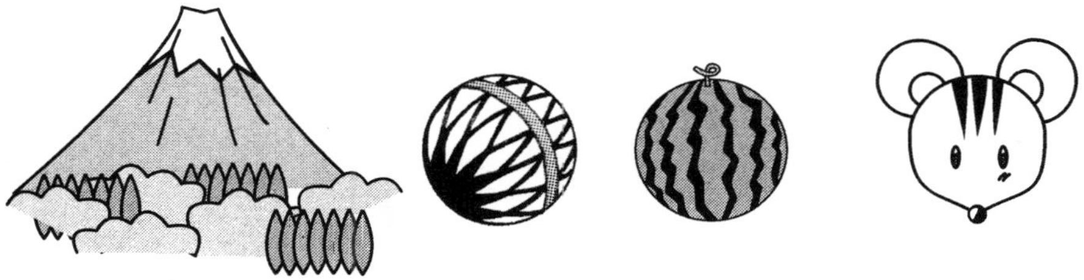

②

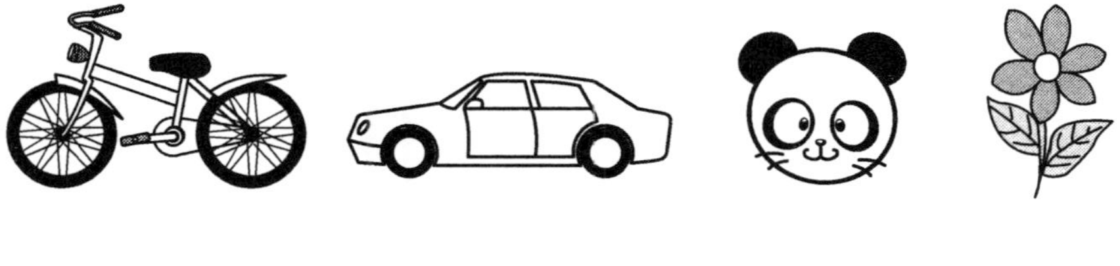

③

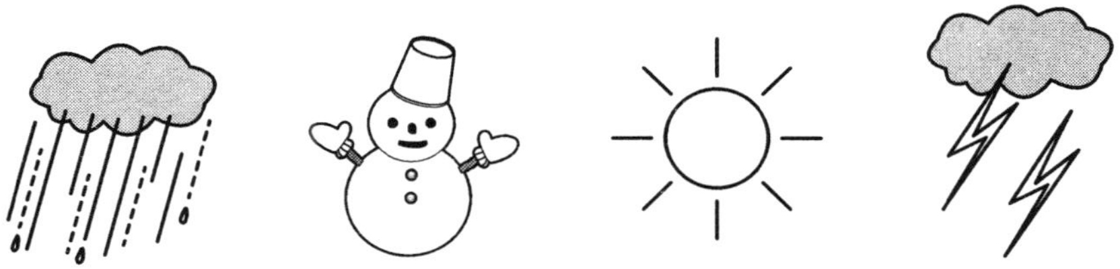

④

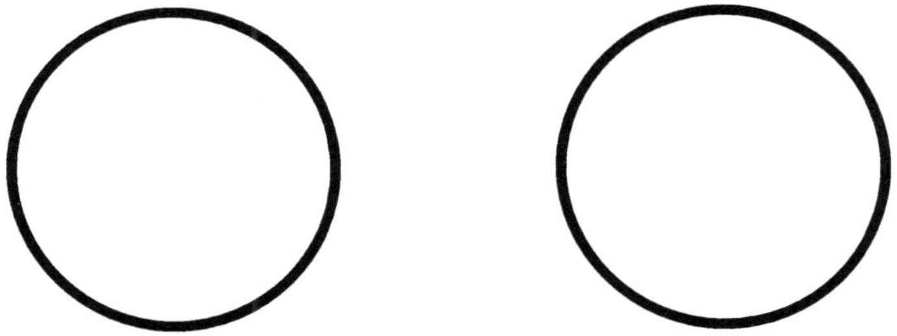

⑤

⑥

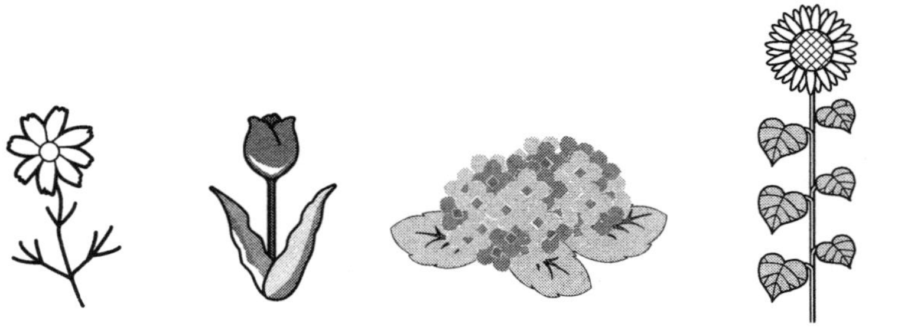

⑦

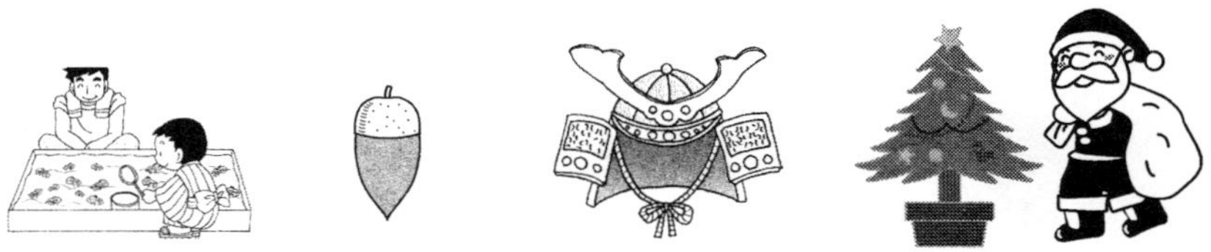

⑧

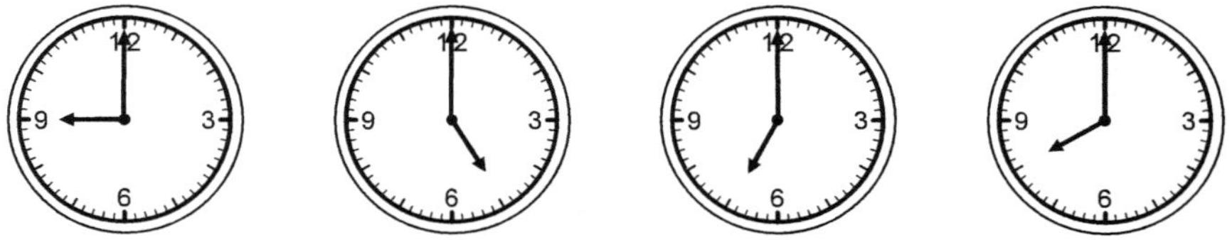

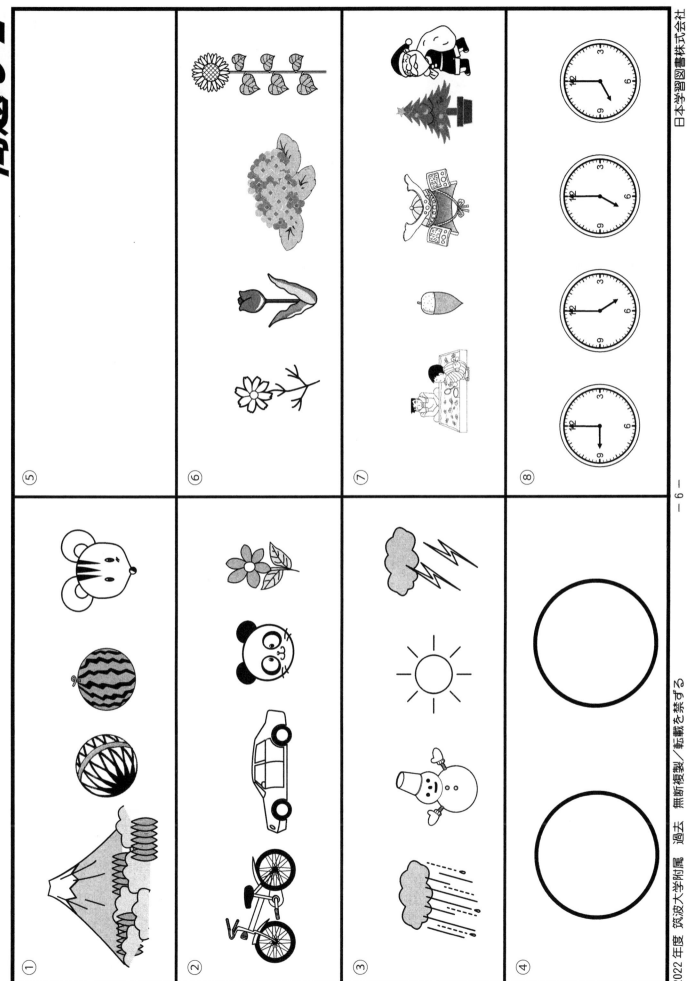

問題33-1

2022年度 筑波大学附属 過去 無断複製/転載を禁ずる

日本学習図書株式会社

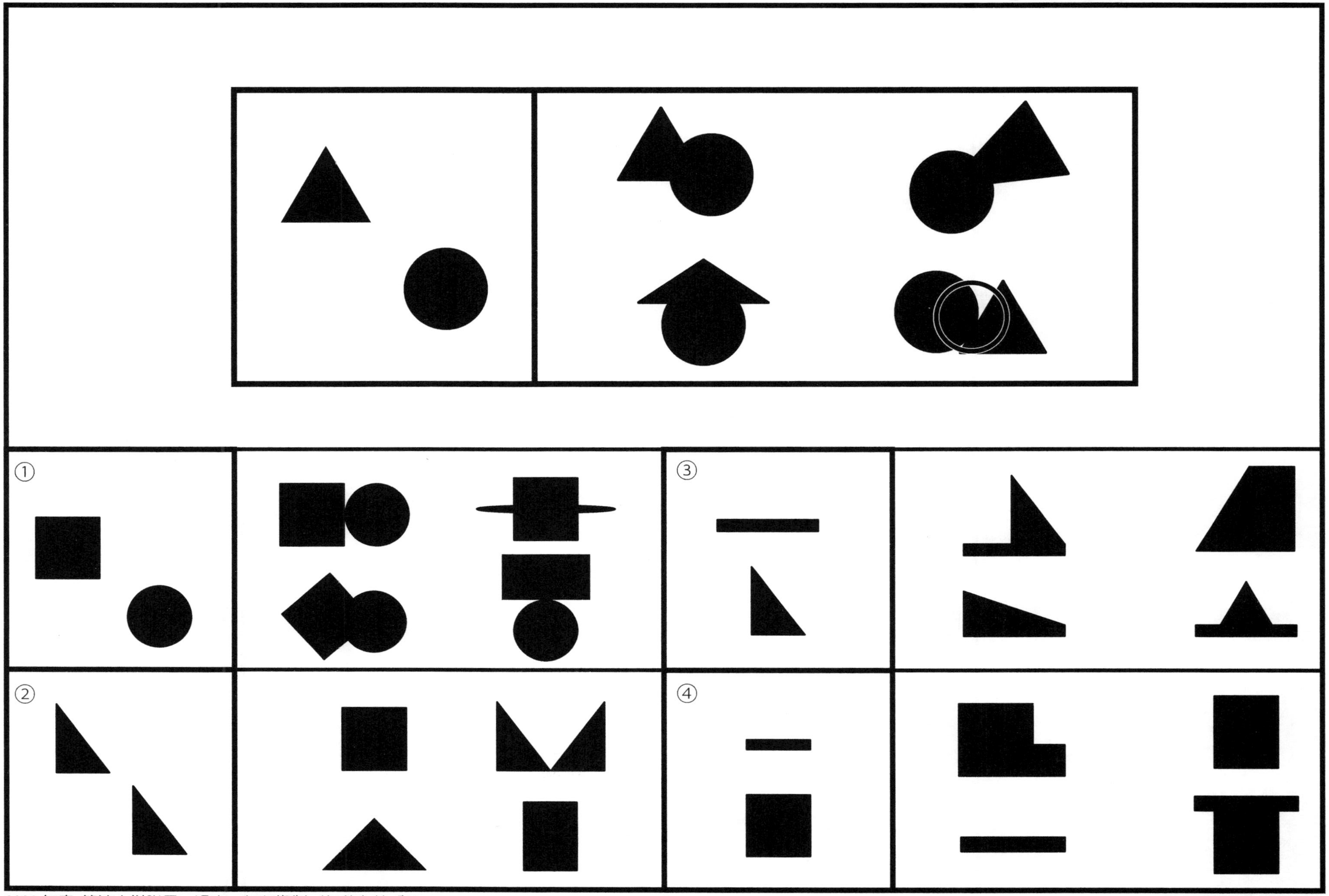

問題３３－２

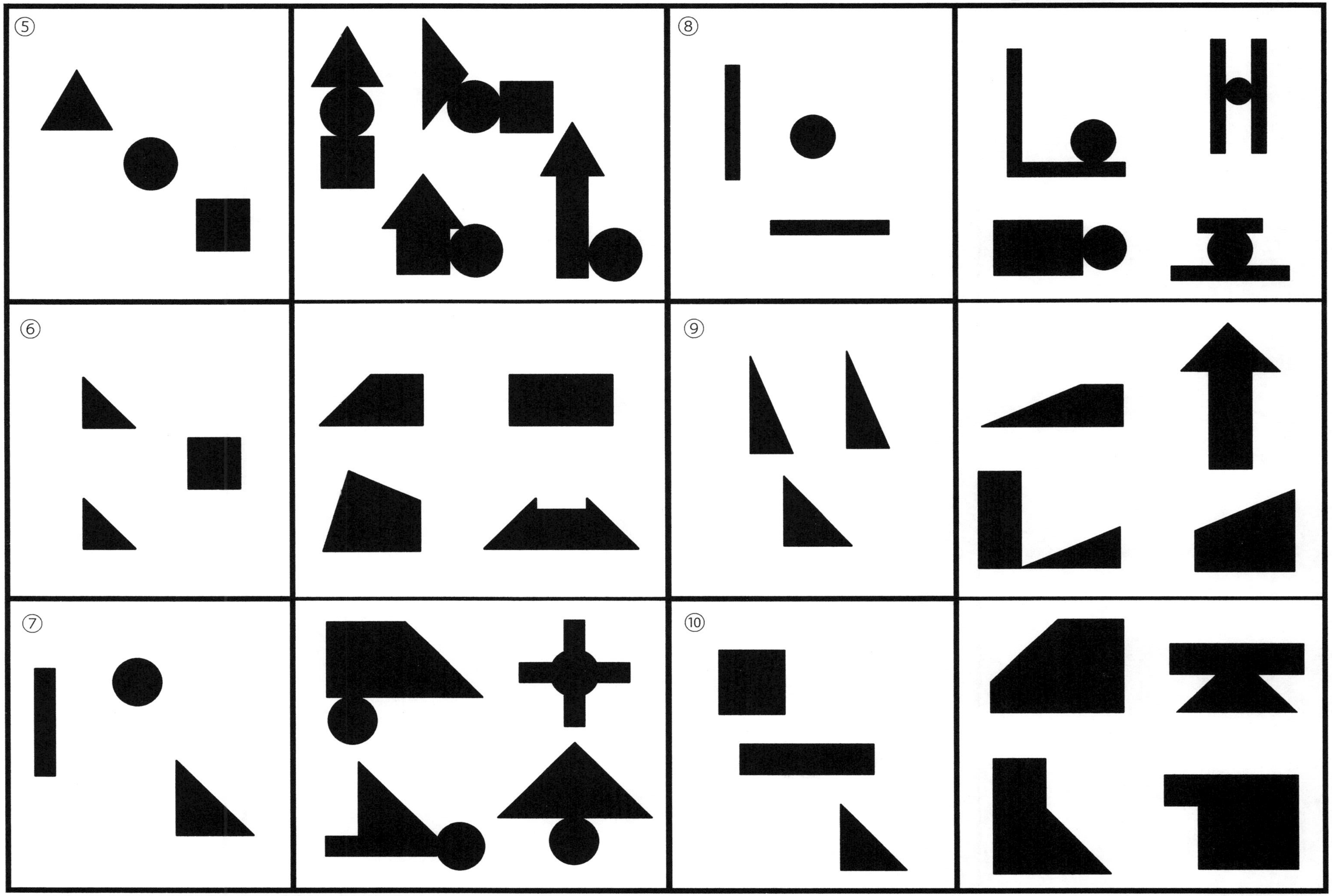

問題3 4－1

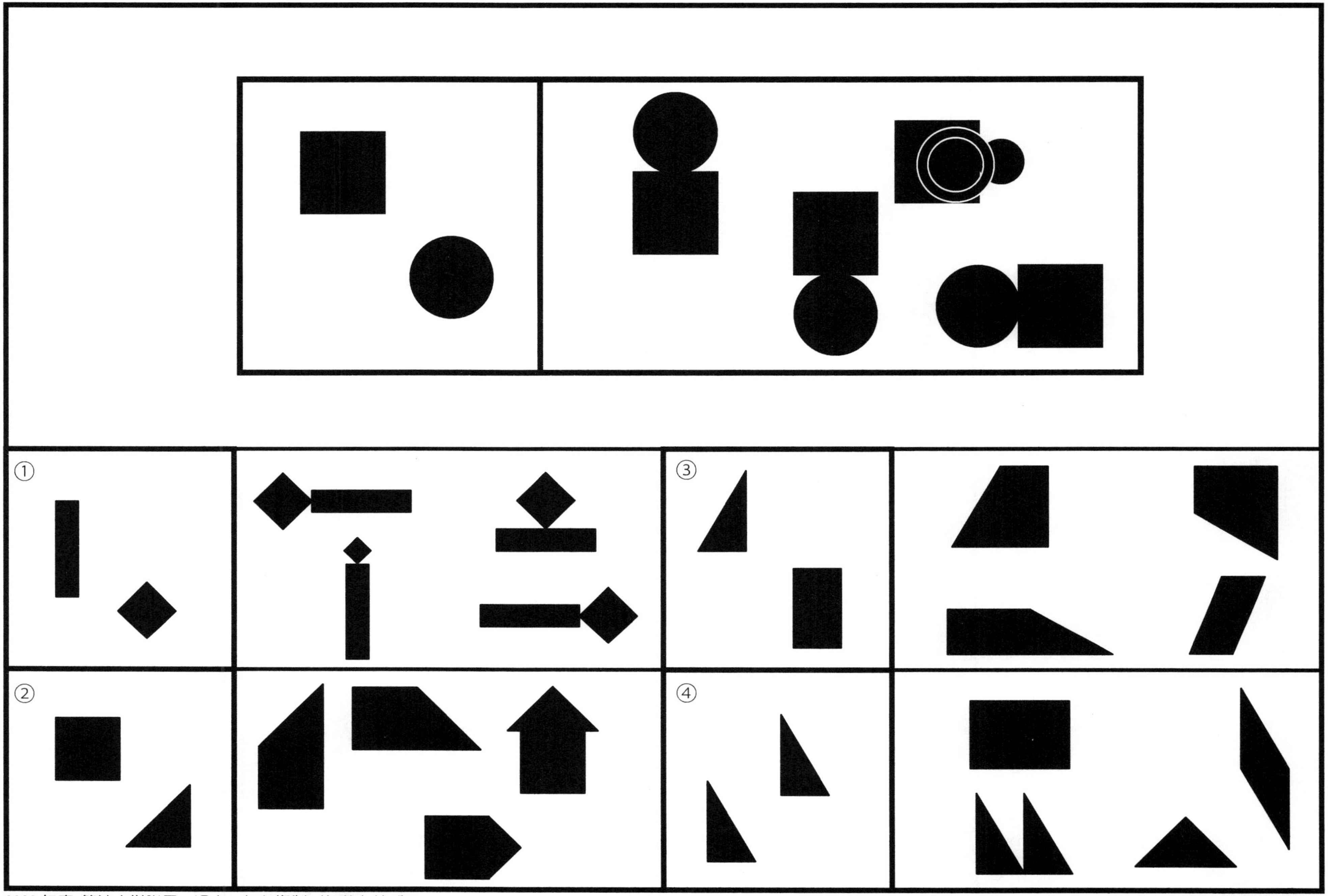

問題3 4－2

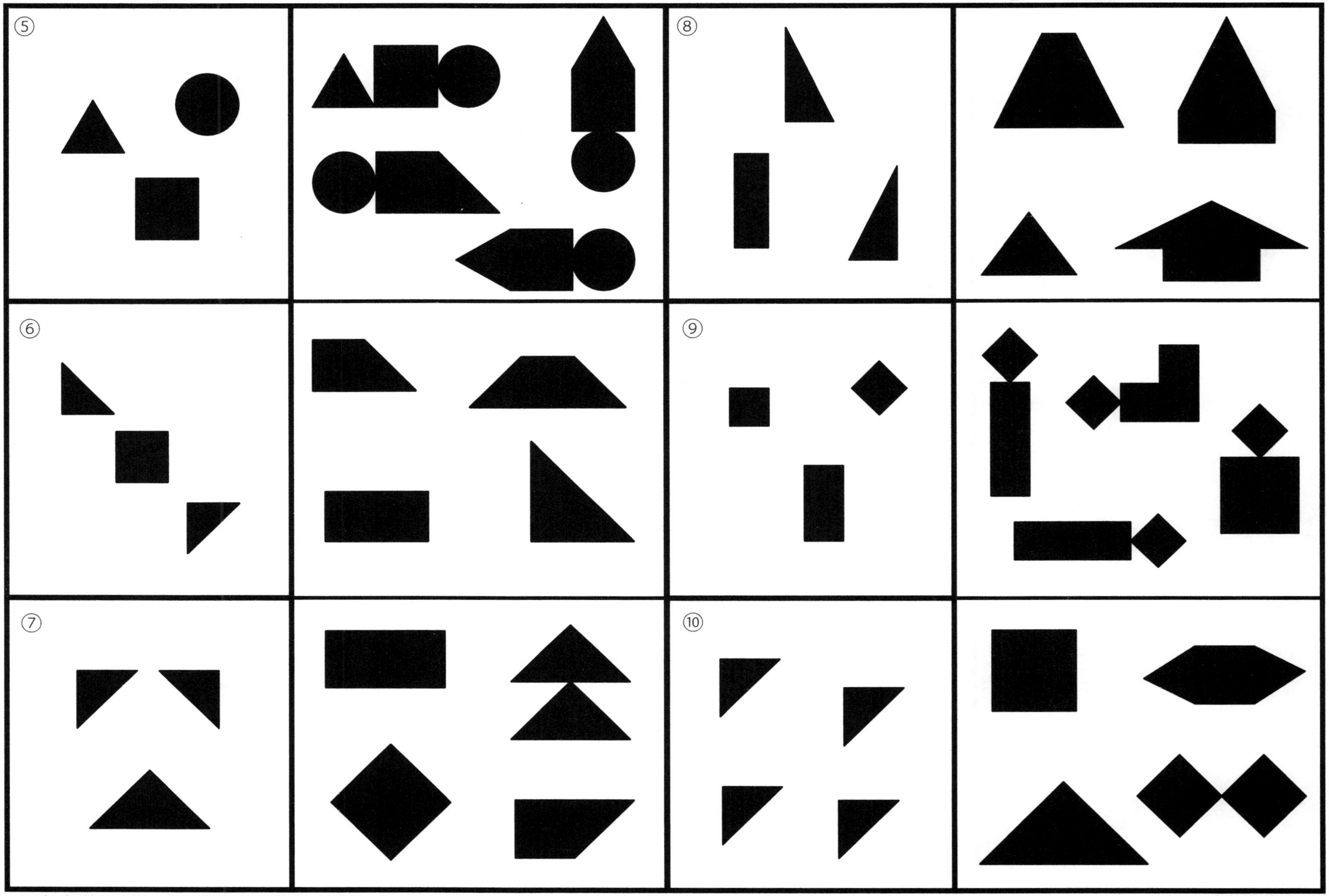

問題３５－１

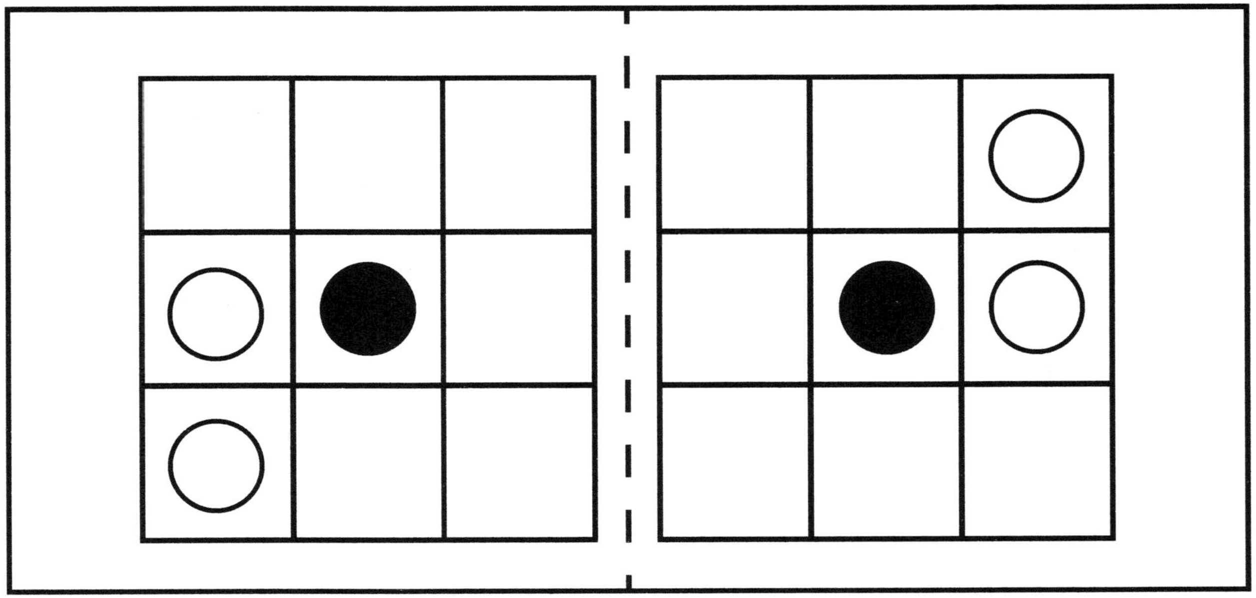

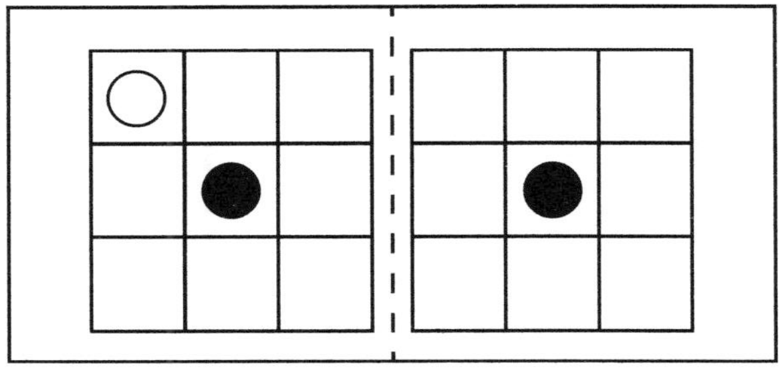

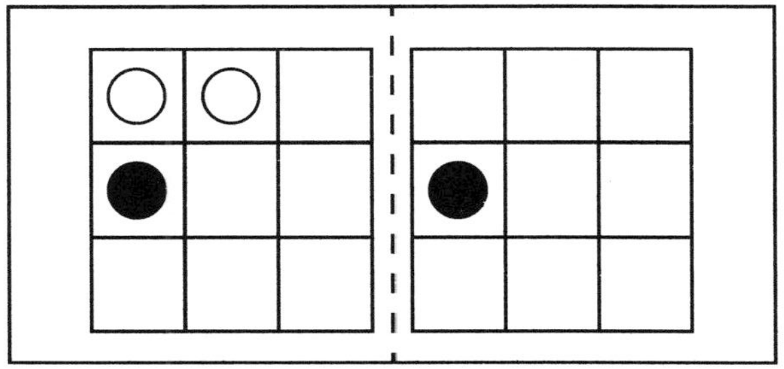

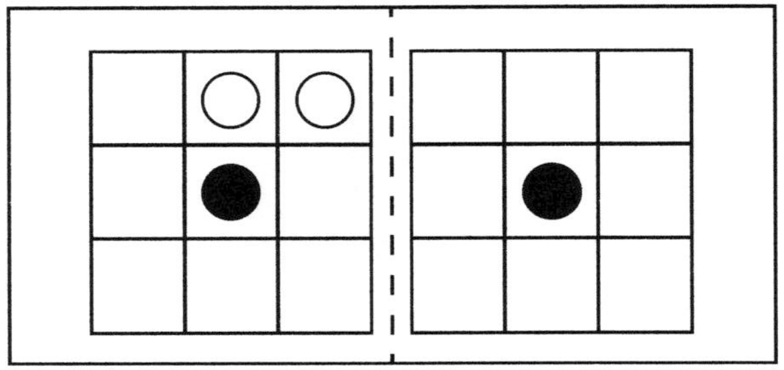

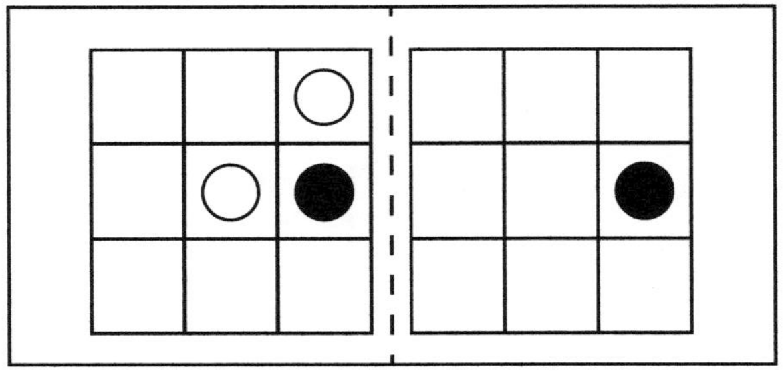

問題35－2

⑤

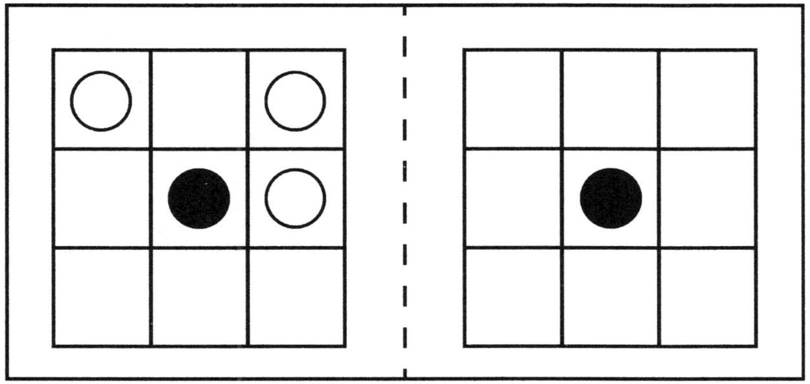

⑥

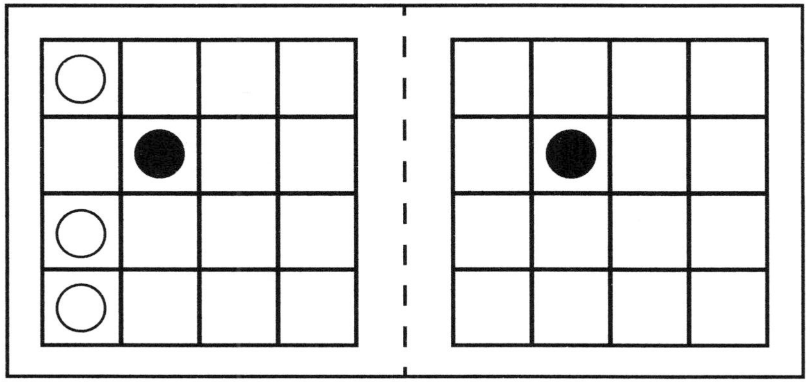

⑦

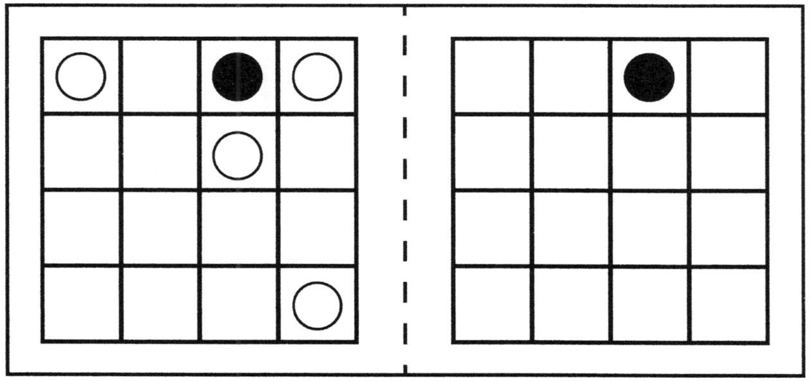

⑧

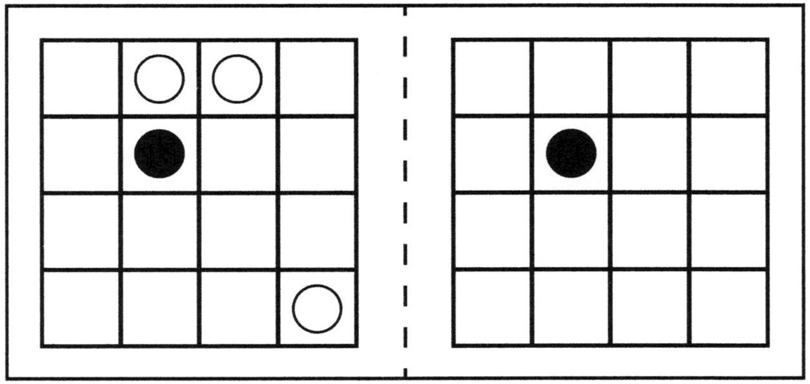

⑨

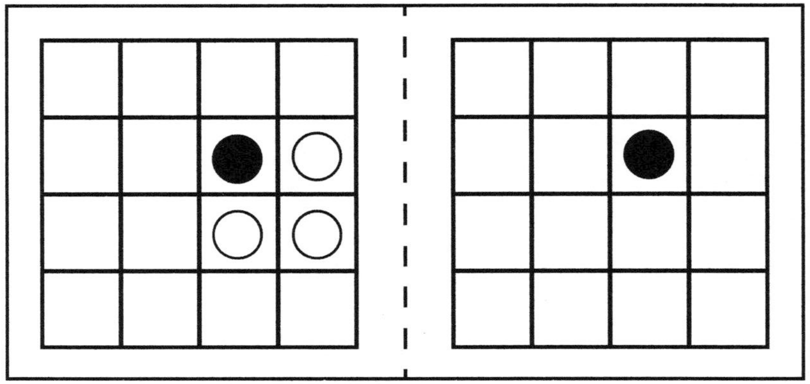

⑩

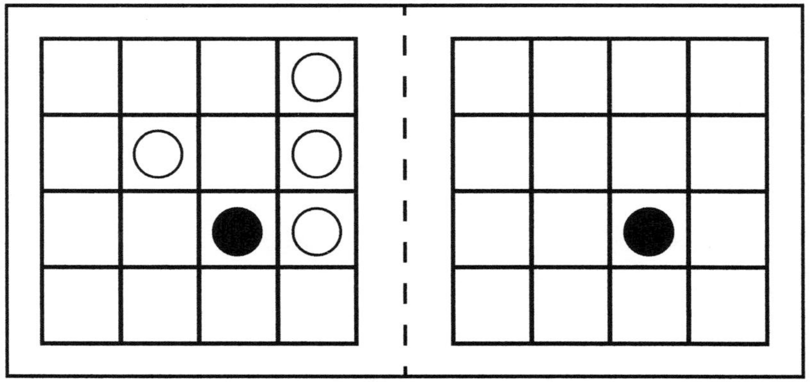

　

問題36−1

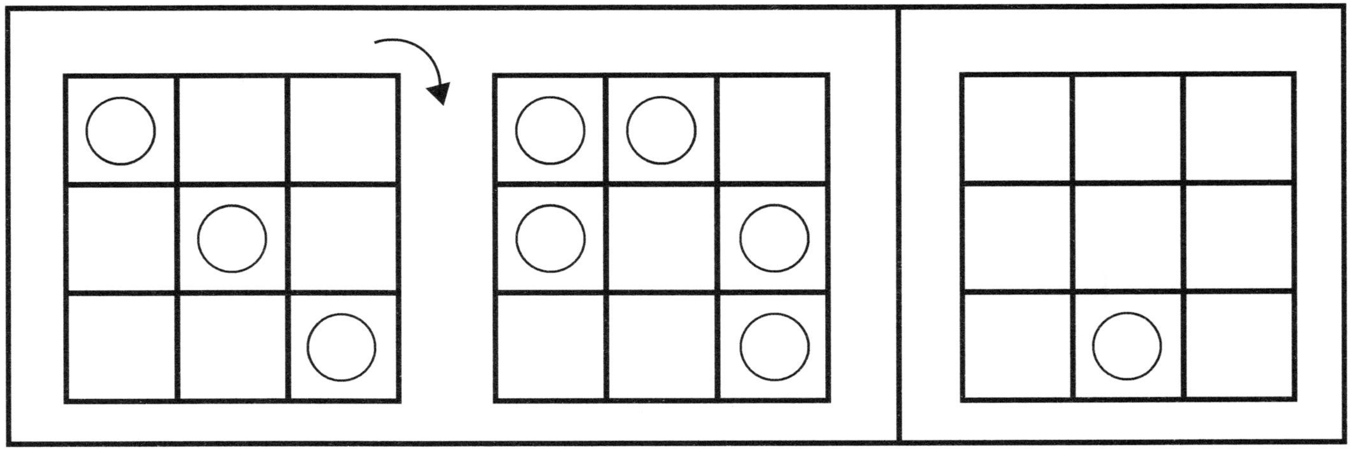

①

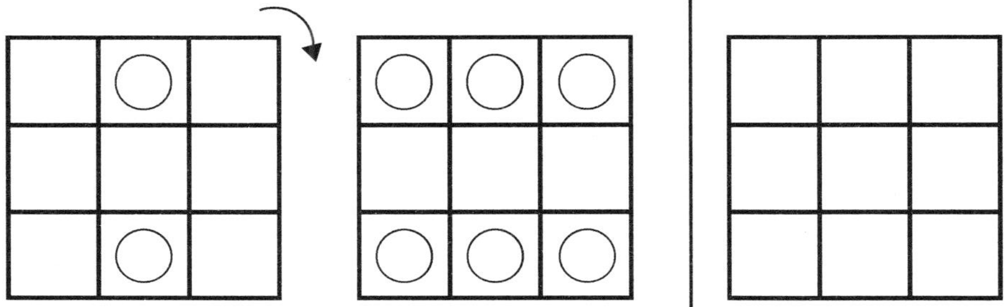

②

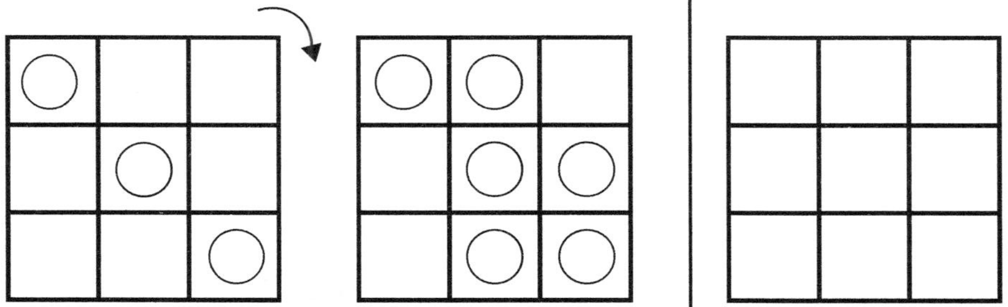

③

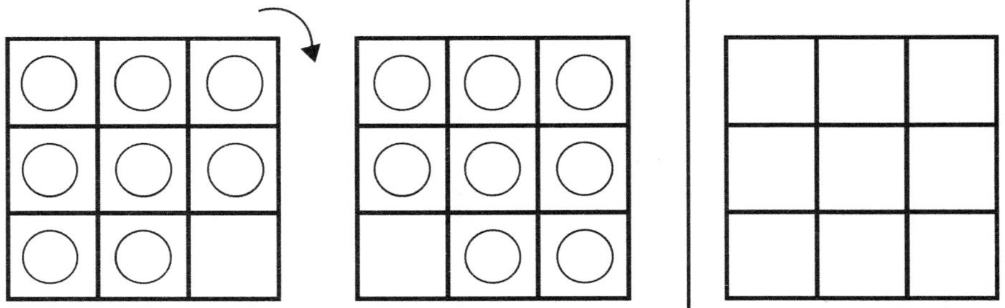

④

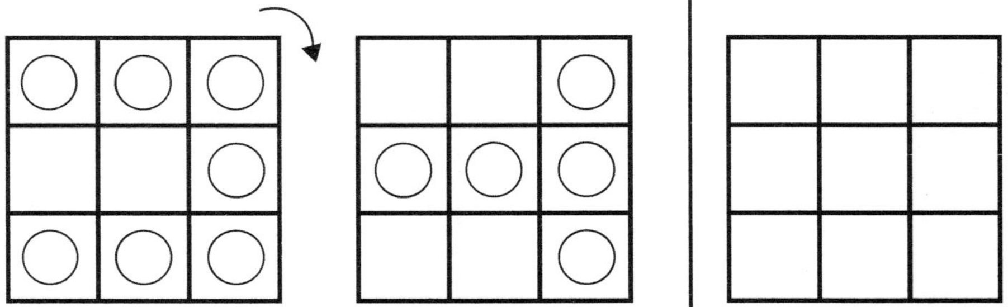

問題３６－２

⑤

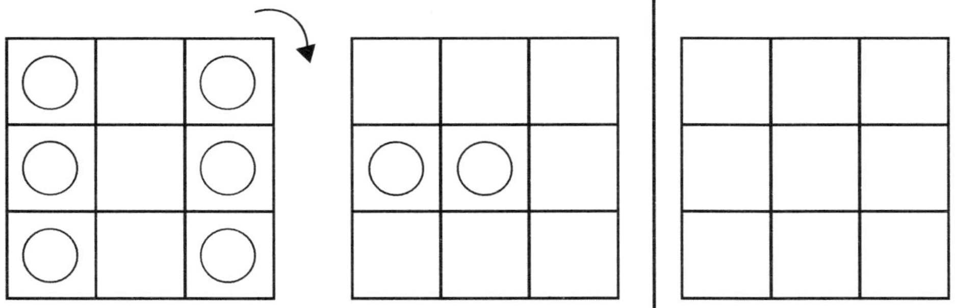

⑥

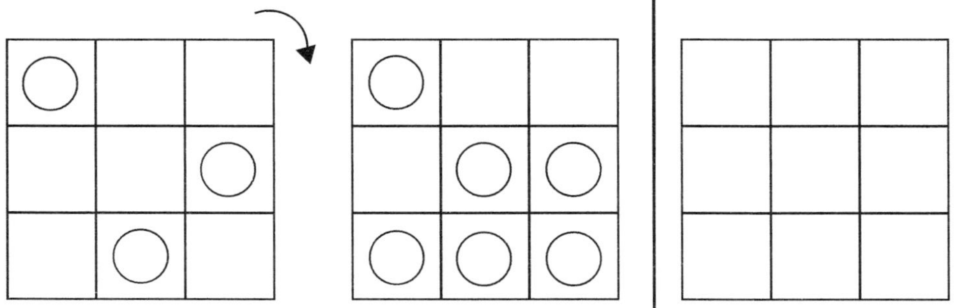

⑦

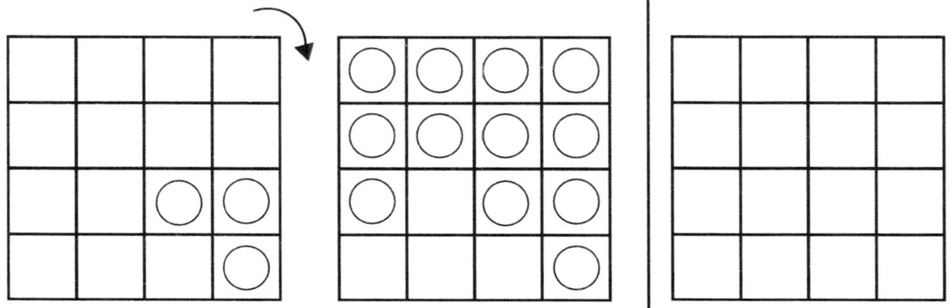

⑧

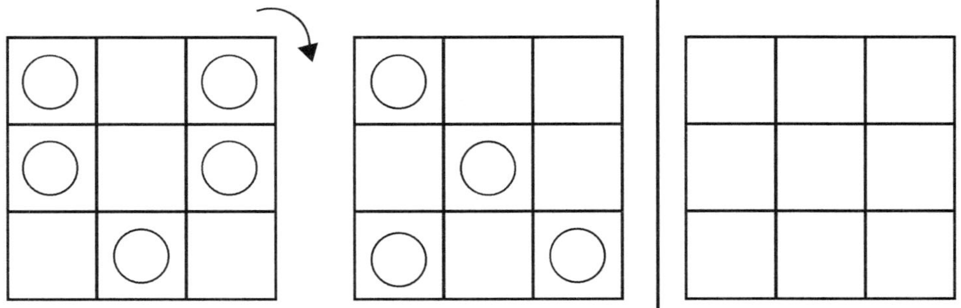

⑨

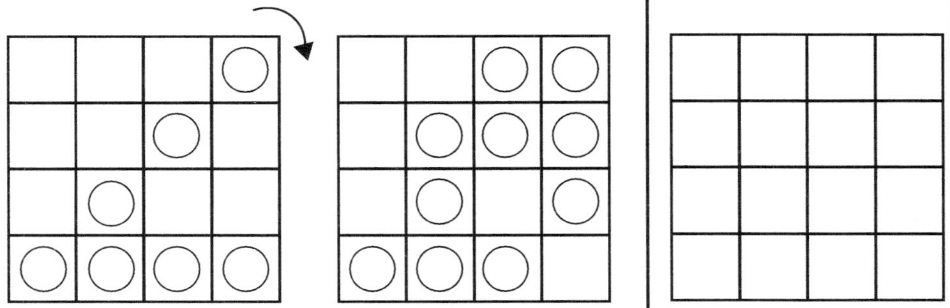

⑩

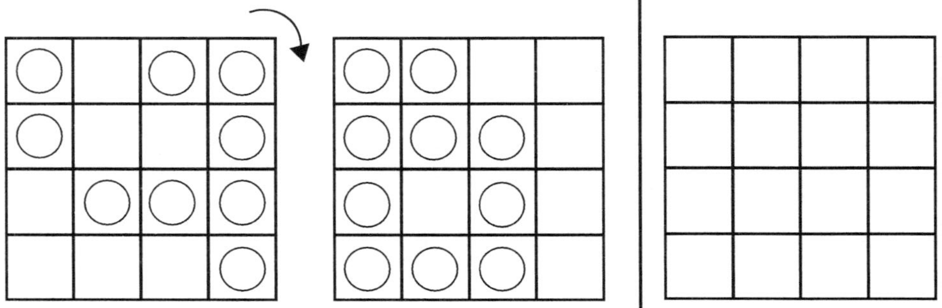

問題３７

①

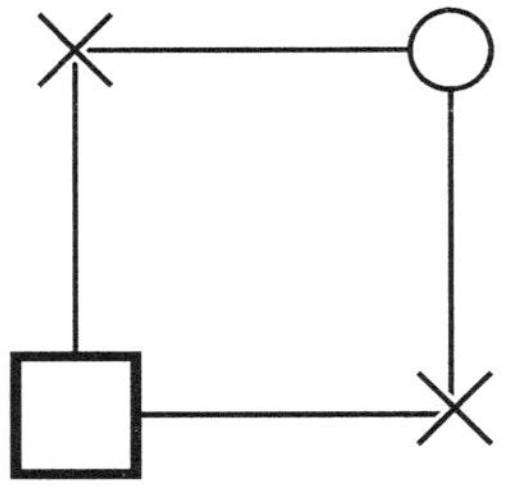

②

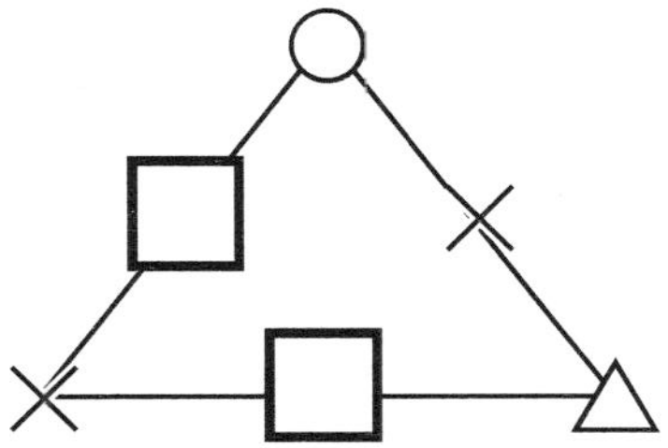

③

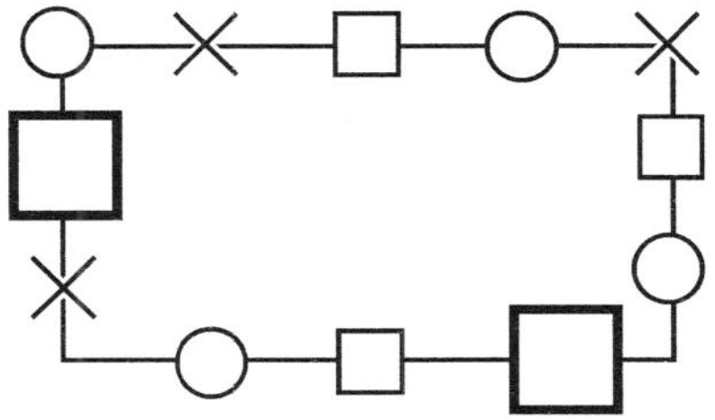

④

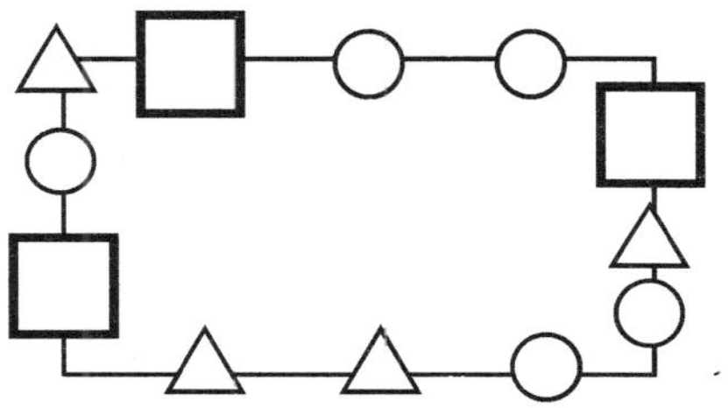

⑤

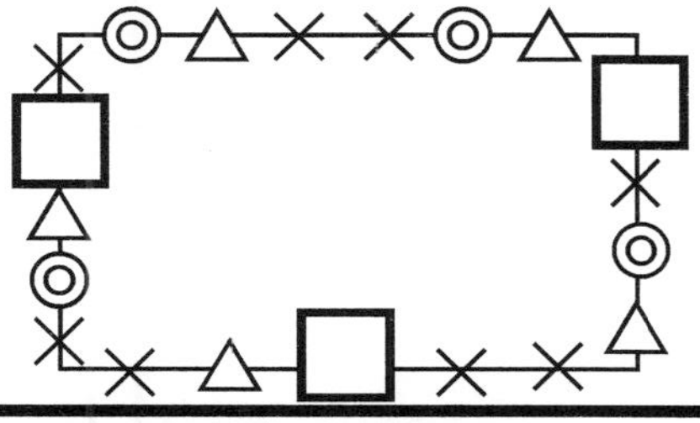

⑥

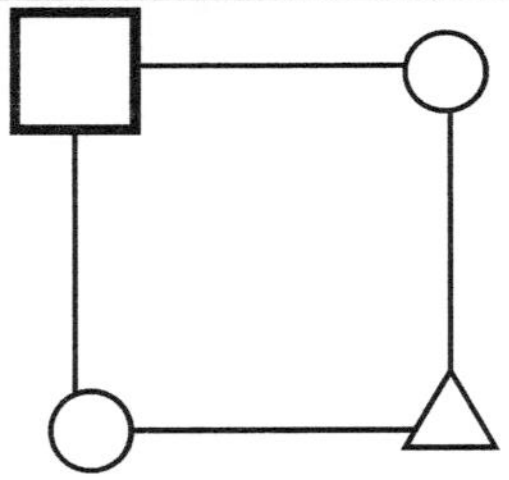

⑦

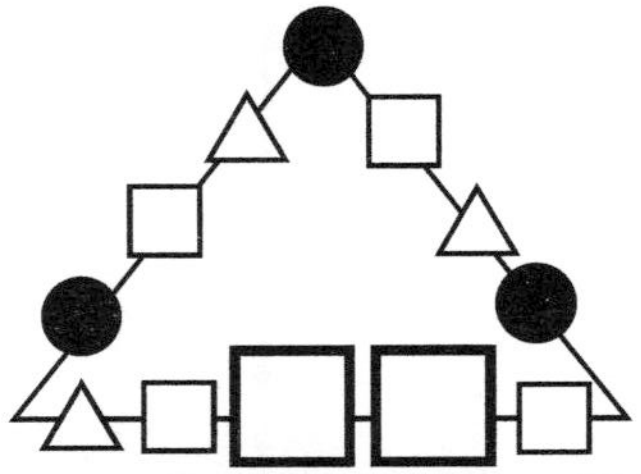

⑧

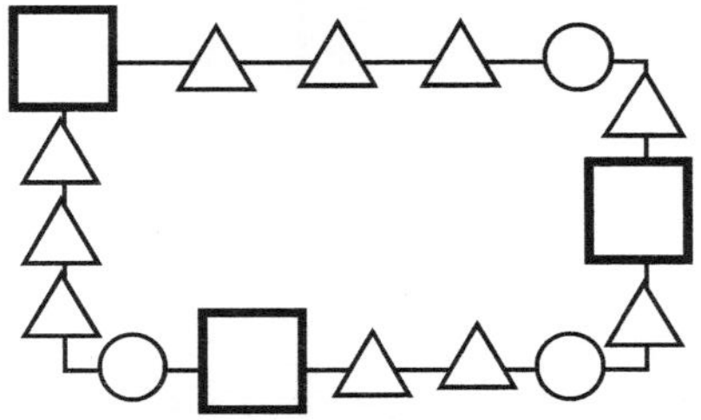

⑨

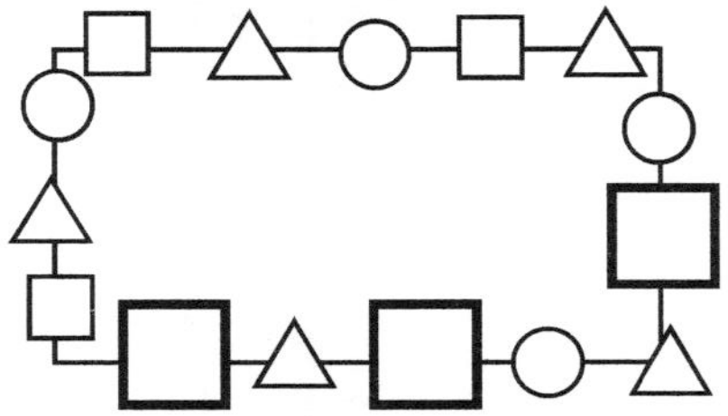

⑩

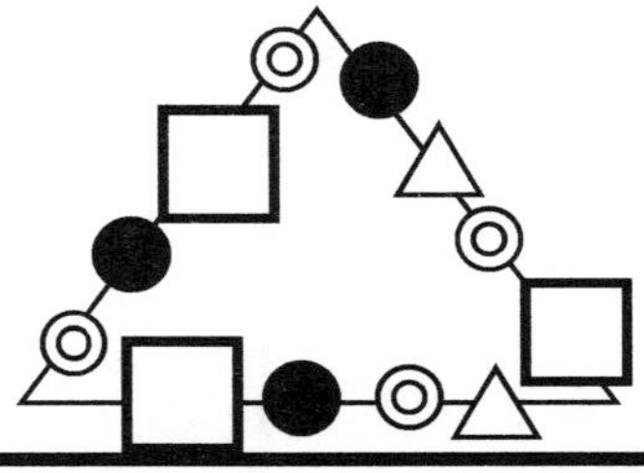

問題38

① ○→×→○→【　】→○→×

② ●→□→△→●→□→【　】

③ ○→△→○→【　】→【　】→△

④ 【　】→△→【　】→○→△→●

⑤ △→【　】→×→【　】→●→×

⑥ ○→【　】→○→◇→【　】→◇

⑦ ×→△→○→【　】→△→【　】

⑧ ●→▲→【　】→【　】→▲→■→【　】→▲→■→●

⑨ 【　】→×→△→●→×→×→【　】→●→×→【　】

⑩ △→【　】→◇→◇→△→○→◇→【　】→△→【　】

⑪ △→【　】→◇→□→【　】→□→【　】→□→△→□

問題３９

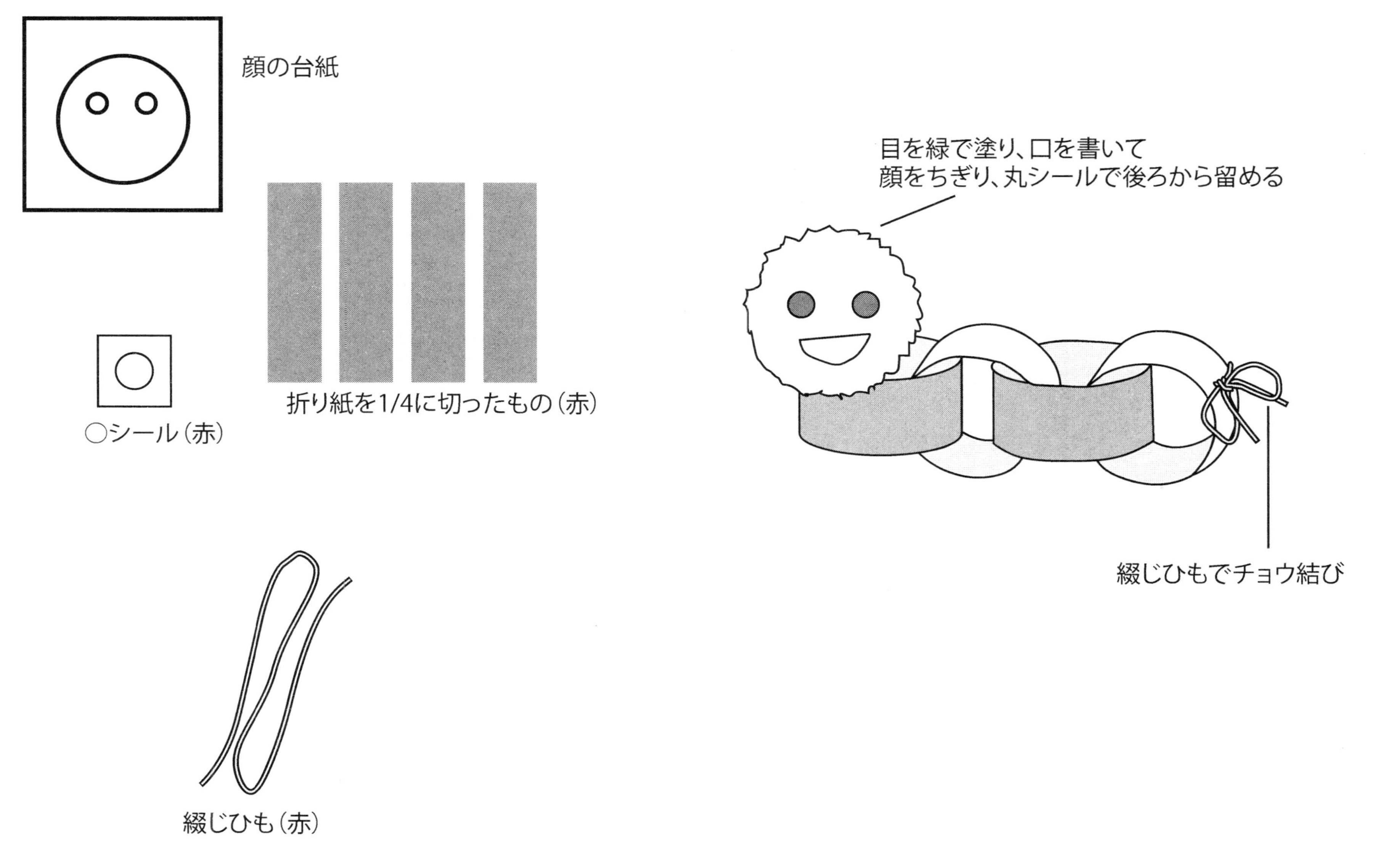
顔の台紙
○シール（赤）
折り紙を1/4に切ったもの（赤）
綴じひも（赤）
目を緑で塗り、口を書いて
顔をちぎり、丸シールで後ろから留める
綴じひもでチョウ結び

問題４０

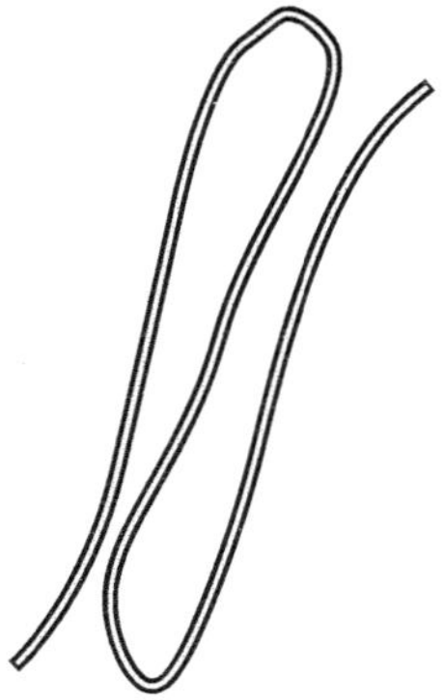

綴じひも（赤）

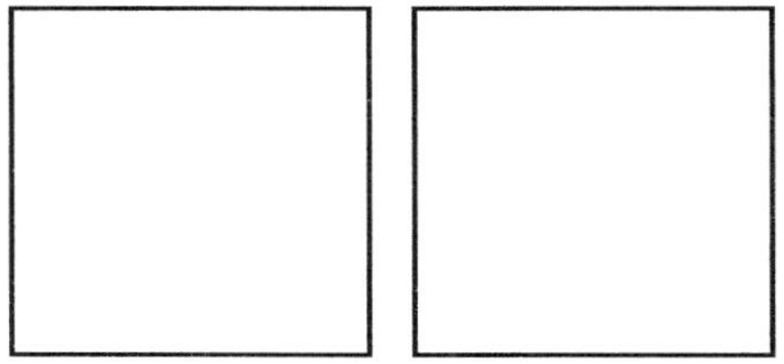

折り紙を1/4に切ったもの（赤）

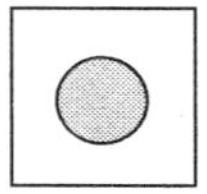

○シール（赤）

※帽子の作り方

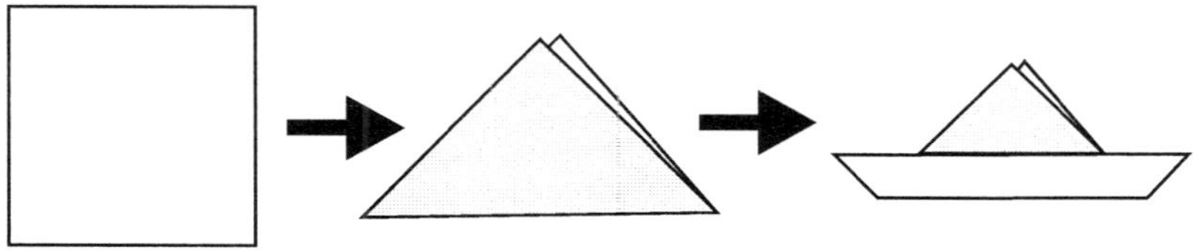

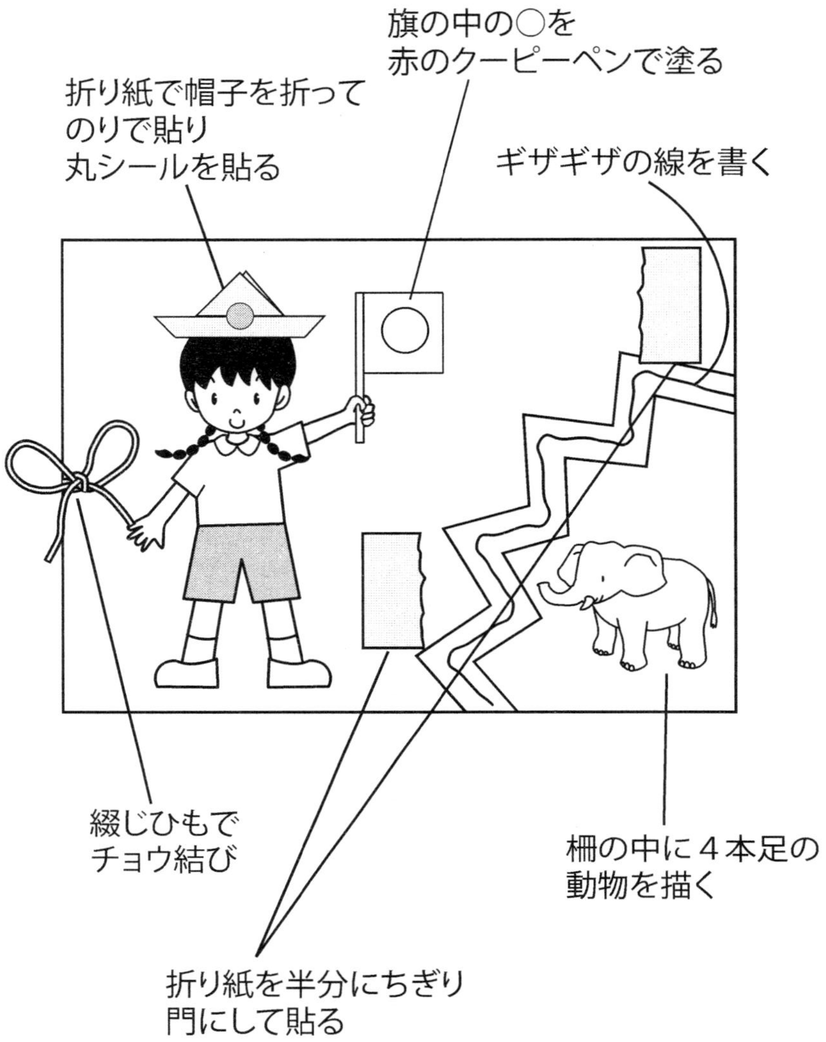

問題４１

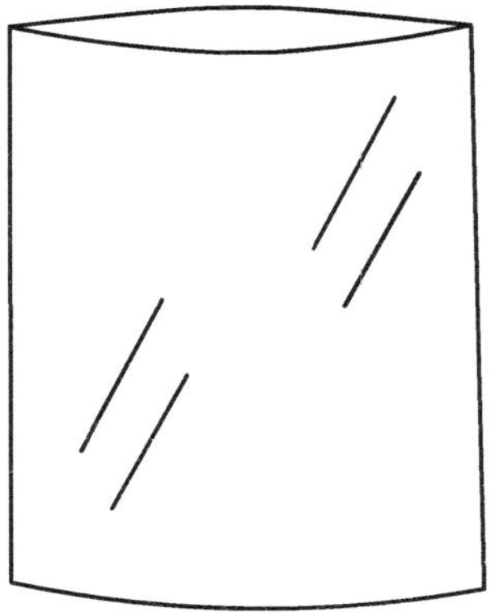

ビニール袋

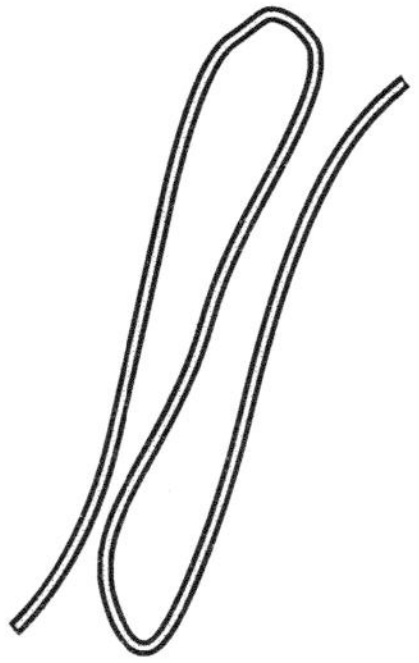

綴じひも（赤）

折り紙を1/4に切ったもの（赤）

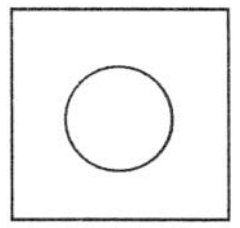

○シール（白）

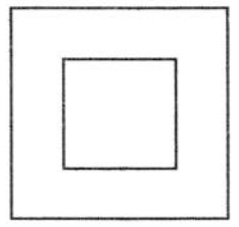

□シール（白）

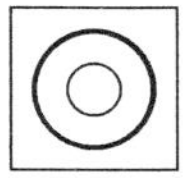

目玉の台紙

※口の作り方

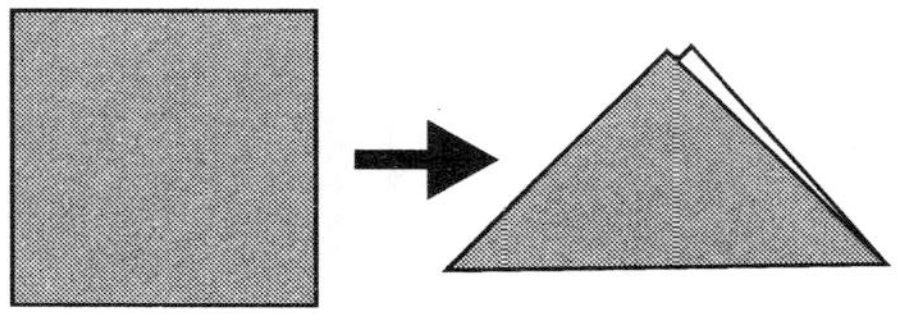

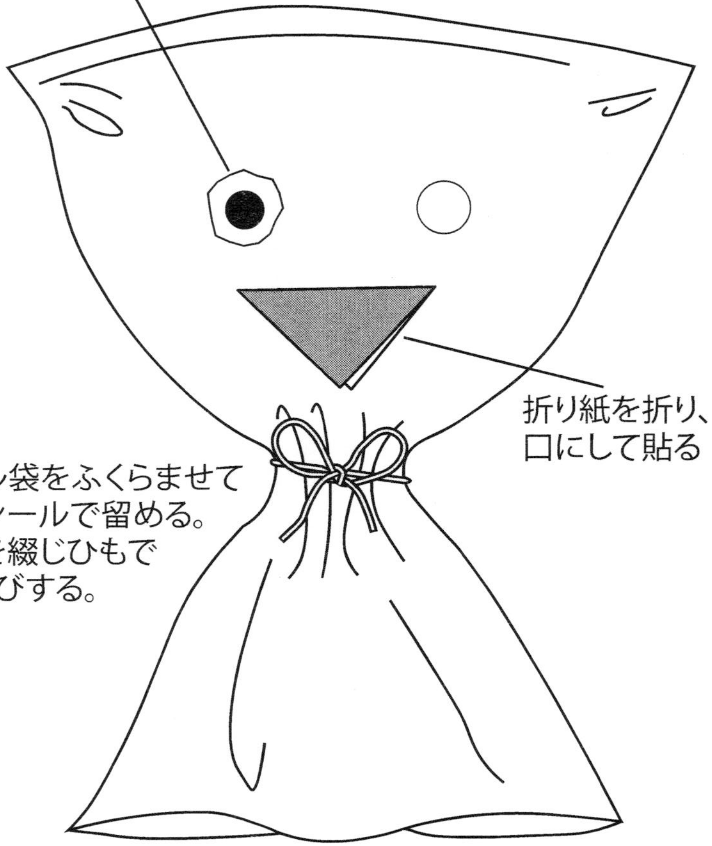
○の中を青のクーピーペンで
塗ってからちぎって貼り、もう片方は○シールを貼る。
折り紙を折り、
口にして貼る
ビニール袋をふくらませて
口を□シールで留める。
その上を綴じひもで
ちょう結びする。

問題４２

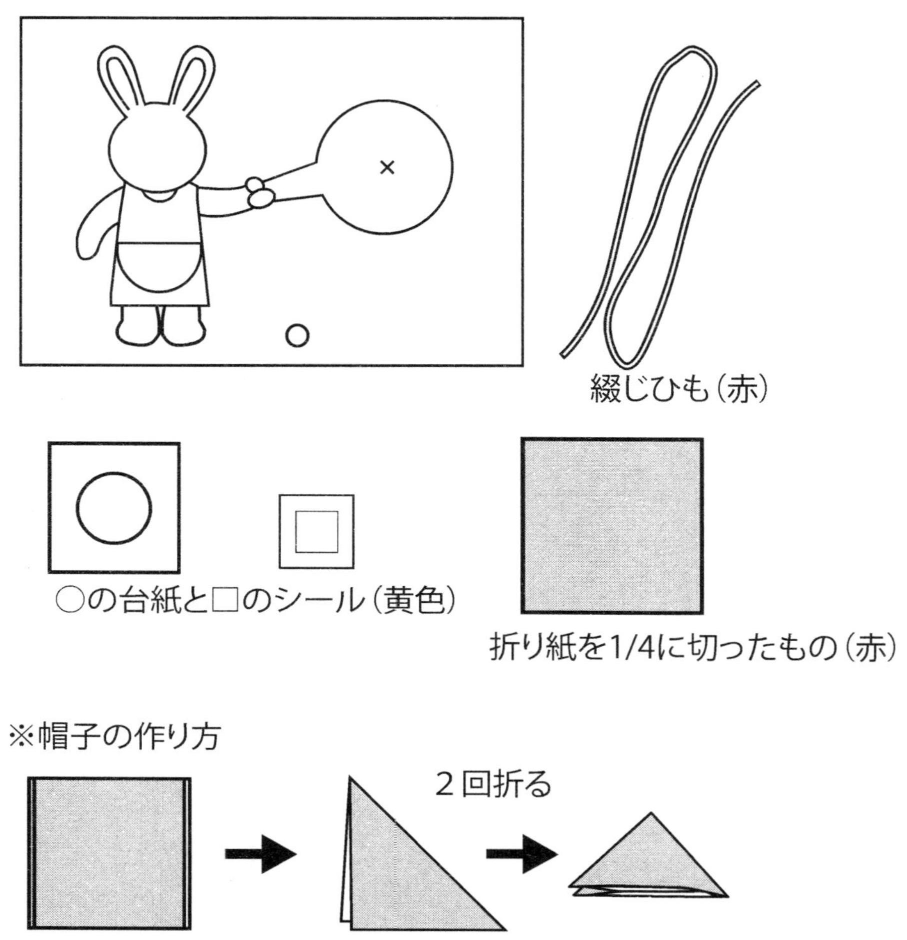
綴じひも（赤）
○の台紙と□のシール（黄色）
折り紙を1/4に切ったもの（赤）
※帽子の作り方
２回折る

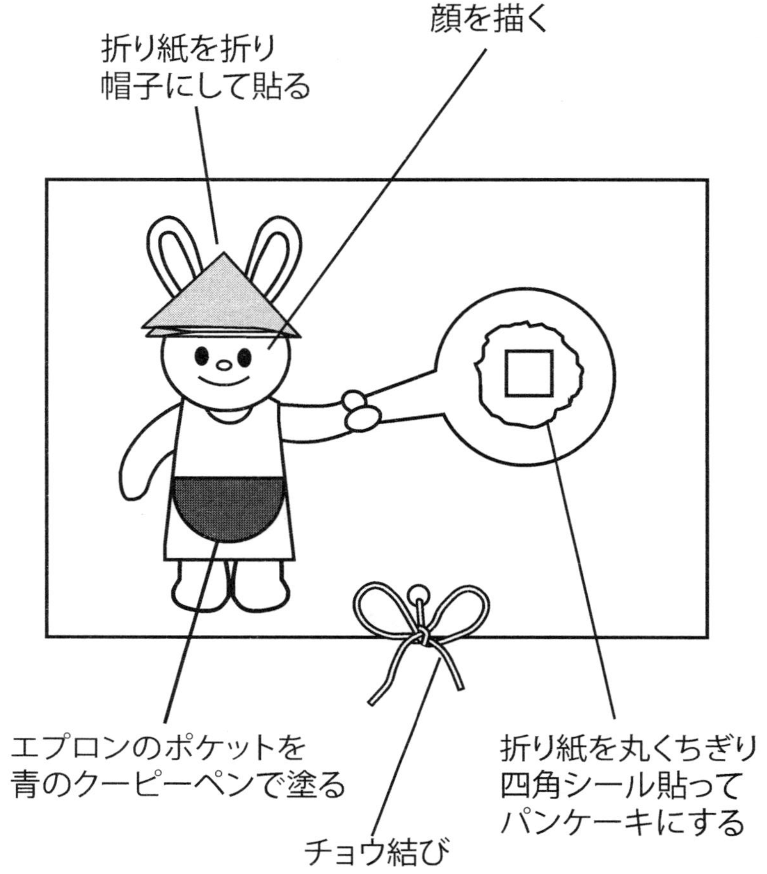
顔を描く
折り紙を折り
帽子にして貼る
エプロンのポケットを
青のクーピーペンで塗る
チョウ結び
折り紙を丸くちぎり
四角シール貼って
パンケーキにする

問題４３

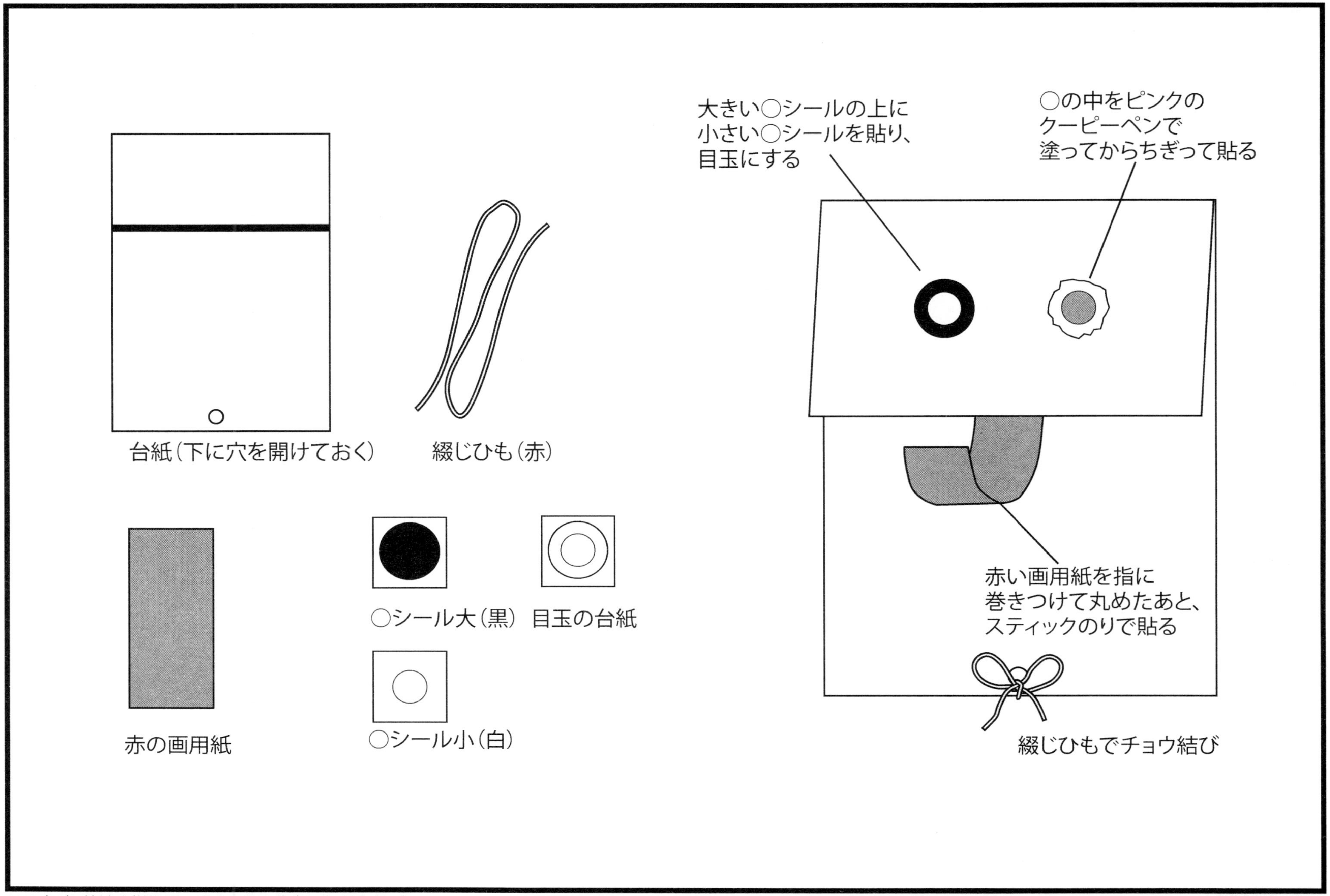
台紙（下に穴を開けておく）
綴じひも（赤）
赤の画用紙
○シール大（黒）
目玉の台紙
○シール小（白）
大きい○シールの上に
小さい○シールを貼り、
目玉にする
○の中をピンクの
クーピーペンで
塗ってからちぎって貼る
赤い画用紙を指に
巻きつけて丸めたあと、
スティックのりで貼る
綴じひもでチョウ結び

問題４４

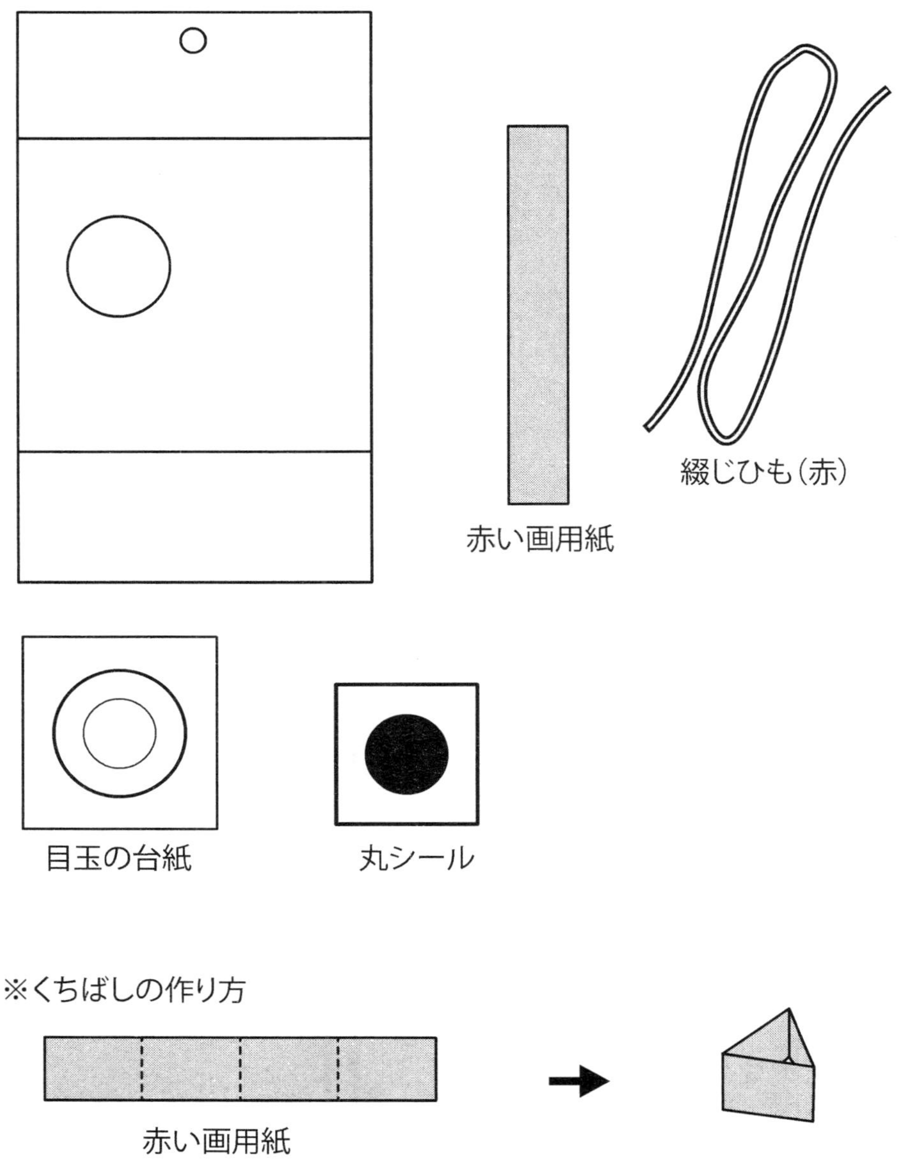

赤い画用紙
綴じひも(赤)
目玉の台紙
丸シール
※くちばしの作り方
赤い画用紙

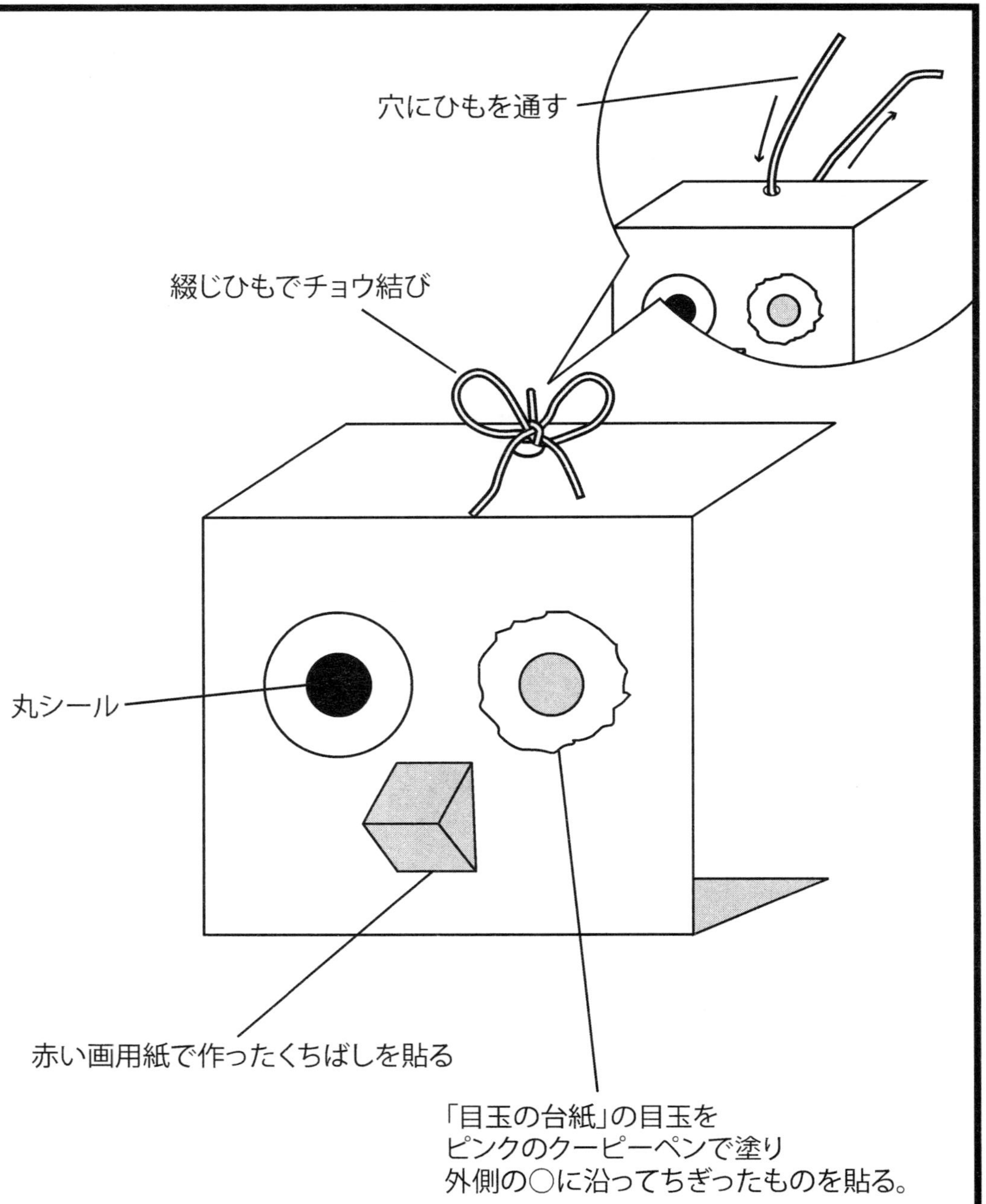

穴にひもを通す
綴じひもでチョウ結び
丸シール
赤い画用紙で作ったくちばしを貼る
「目玉の台紙」の目玉を
ピンクのクーピーペンで塗り
外側の○に沿ってちぎったものを貼る。

分野別 小学入試練習帳 ジュニアウォッチャー

1．点・線図形	小学校入試で出題頻度の高い『点・線図形』の模写を、難易度の低いものから段階別に幅広く練習することができるように構成。
2．座標	図形の位置模写という作業を、難易度の低いものから段階別に練習できるように構成。
3．パズル	様々なパズルの問題を難易度の低いものから段階別に練習できるように構成。
4．同図形探し	小学校入試で出題頻度の高い、同図形選びの問題を繰り返し練習できるように構成。
5．回転・展開	図形などを回転、または展開したとき、形がどのように変化するかを学習し、理解を深められるように構成。
6．系列	数、図形などの様々な系列問題を、難易度の低いものから段階別に練習できるように構成。
7．迷路	迷路の問題を繰り返し練習できるように構成。
8．対称	対称に関する問題を４つのテーマに分類し、各テーマごとに問題を段階別に練習できるように構成。
9．合成	図形の合成に関する問題を、難易度の低いものから段階別に練習できるように構成。
10．四方からの観察	もの（立体）を様々な角度から見て、どのように見えるかを推理する問題を段階別に整理し、１つの形式で複数の問題を練習できるように構成。
11．いろいろな仲間	ものや動物、植物の共通点を見つけ、分類していく問題を中心に構成。
12．日常生活	日常生活における様々な問題を６つのテーマに分類し、各テーマごとに一つの問題形式で複数の問題を練習できるように構成。
13．時間の流れ	『時間』に着目し、様々なものごとは、時間が経過するとどのように変化するのかということを学習し、理解できるように構成。
14．数える	様々なものを『数える』ことから、数の多少の判定やかけ算、わり算の基礎までを練習できるように構成。
15．比較	比較に関する問題を５つのテーマ（数、高さ、長さ、量、重さ）に分類し、各テーマごとに問題を段階別に練習できるように構成。
16．積み木	数える対象を積み木に限定した問題集。
17．言葉の音遊び	言葉の音に関する問題を５つのテーマに分類し、各テーマごとに問題を段階別に練習できるように構成。
18．いろいろな言葉	表現力をより豊かにするいろいろな言葉として、擬態語や擬声語、同音異義語、反意語、数詞を取り上げた問題集。
19．お話の記憶	お話を聴いてその内容を記憶、理解し、設問に答える形式の問題集。
20．見る記憶・聴く記憶	「見て憶える」「聴いて憶える」という『記憶』分野に特化した問題集。
21．お話作り	いくつかの絵を元にしてお話を作る練習をして、想像力を養うことができるように構成。
22．想像画	描かれてある形や景色に好きな絵を描くことにより、想像力を養うことができるように構成。
23．切る・貼る・塗る	小学校入試で出題頻度の高い、はさみやのりなどを用いた巧緻性の問題を繰り返し練習できるように構成。
24•絵画	小学校入試で出題頻度の高い、お絵かきやぬり絵などクレヨンやクーピーペンを用いた巧緻性の問題を繰り返し練習できるように構成。
25．生活巧緻性	小学校入試で出題頻度の高い日常生活の様々な場面における巧緻性の問題集。
26．文字・数字	ひらがなの清音、濁音、拗音、拗長音、促音と１～20までの数字に焦点を絞り、練習できるように構成。
27．理科	小学校入試で出題頻度が高くなりつつある理科の問題を集めた問題集。
28．運動	出題頻度の高い運動問題を種目別に分けて構成。
29．行動観察	項目ごとに問題提起をし、「このような時はどうか、あるいはどう対処するのか」の観点から問いかける形式の問題集。
30．生活習慣	学校から家庭に提起された問題と思って、一問一問絵を見ながら話し合い、考える形式の問題集。

31．推理思考	数、量、言語、常識（含理科、一般）など、諸々のジャンルから問題を構成し、近年の小学校入試問題傾向に沿って構成。
32．ブラックボックス	箱や筒の中を通ると、どのようなお約束でどのように変化するかを推理・思考する問題集。
33．シーソー	重さの違うものをシーソーに乗せた時どちらに傾くのか、またどうすればシーソーは釣り合うのかを思考する基礎的な問題集。
34．季節	様々な行事や植物などを季節別に分類できるように知識をつける問題集。
35．重ね図形	小学校入試で頻繁に出題されている「図形を重ね合わせてできる形」についての問題を集めました。
36．同数発見	様々な物を数え「同じ数」を発見し、数の多少の判断や数の認識の基礎を学べるように構成した問題集。
37．選んで数える	数の学習の基本となる、いろいろなものの数を正しく数える学習を行う問題集。
38．たし算・ひき算１	数字を使わず、たし算とひき算の基礎を身につけるための問題集。
39．たし算・ひき算２	数字を使わず、たし算とひき算の基礎を身につけるための問題集。
40．数を分ける	数を等しく分ける問題です。等しく分けたときに余りが出るものもあります。
41．数の構成	ある数がどのような数で構成されているか学んでいきます。
42．一対多の対応	一対一の対応から、一対多の対応まで、かけ算の考え方の基礎学習を行います。
43．数のやりとり	あげたり、もらったり、数の変化をしっかりと学びます。
44．見えない数	指定された条件から数を導き出します。
45．図形分割	図形の分割に関する問題集。パズルや合成の分野にも通じる様々な問題を集めました。
46．回転図形	「回転図形」に関する問題集。やさしい問題から始め、いくつかの代表的なパターンから、段階を踏んで学習できるよう編集されています。
47．座標の移動	「マス目の指示通りに移動する問題」と「指示された数だけ移動する問題」を収録。
48．鏡図形	鏡で左右反転させた時の見え方を考えます。平面図形から立体図形、文字、絵まで。
49．しりとり	すべての学習の基礎となる「言葉」を学ぶこと、特に「語彙」を増やすことに重点をおき、さまざまなタイプの「しりとり」問題を集めました。
50．観覧車	観覧車やメリーゴーラウンドなどを舞台にした「回転系列」の問題集。「推理思考」分野の問題ですが、要素として「図形」や「数量」も含みます。
51．運筆①	鉛筆の持ち方を学び、点線なぞり、お手本を見ながらの模写で、線を引く練習をします。
52．運筆②	運筆①からさらに発展し、「欠所補完」や「迷路」などを楽しみながら、より複雑な鉛筆運びを習得することを目指します。
53．四方からの観察 積み木編	積み木を使用した「四方からの観察」に関する問題を練習できるように構成。
54．図形の構成	見本の図形がどのような部分によって形づくられているかを考えます。
55．理科②	理科的知識に関する問題を集中して練習する「常識」分野の問題集。
56．マナーとルール	道路や駅、公共の場でのマナー、安全や衛生に関する常識を学べるように構成。
57．置き換え	さまざまな具体的・抽象的事象を記号で表す「置き換え」の問題を扱います。
58．比較②	長さ・高さ・体積・数などを数学的な知識を使わず、論理的に推測する「比較」の問題を練習できるように構成。
59．欠所補完	線と線のつながり、欠けた絵に当てはまるものなどを求める「欠所補完」に取り組める問題集です。
60．言葉の音（おん）	しりとり、決まった順番の音をつなげるなど、「言葉の音」に関する問題に取り組める練習問題集です。

◆◆ニチガクのおすすめ問題集◆◆

より充実した家庭学習を目指し、ニチガクではさまざまな問題集をとりそろえております!!

サクセスウォッチャーズ（全18巻）

①～⑱
本体各￥2,200＋税

全９分野を「基礎必修編」「実力アップ編」の２巻でカバーした、合計18冊。

各巻80問と豊富な問題数に加え、他の問題集では掲載していない詳しいアドバイスが、お子さまを指導する際に役立ちます。

各ページが、すぐに使えるミシン目付き。本番を意識したドリルワークが可能です。

ジュニアウォッチャー（既刊60巻）

①～60　（以下続刊）
本体各￥1,500＋税

入試出題頻度の高い９分野を、さらに60の項目にまで細分化。基礎学習に最適のシリーズ。

苦手分野におけるつまずきを、効率よく克服するための60冊です。

ポイントが絞られているため、無駄なく高い効果を得られます。

国立・私立NEWウォッチャーズ

言語／理科／図形／記憶
常識／数量／推理
本体各￥2,000＋税

シリーズ累計発行部数40万部以上を誇る大ベストセラー「ウォッチャーズシリーズ」の趣旨を引き継ぐ新シリーズ!!

実際に出題された過去問の「類題」を32問掲載。全問に「解答のポイント」付きだから家庭学習に最適です。「ミシン目」付き切り離し可能なプリント学習タイプ！

実践 ゆびさきトレーニング①・②・③

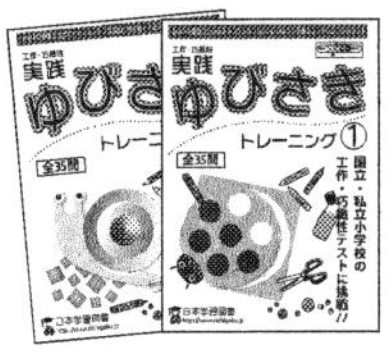

本体各￥2,500＋税

制作問題に特化した一冊。有名校が実際に出題した類似問題を35問掲載。

様々な道具の扱い（はさみ・のり・セロハンテープの使い方）から、手先・指先の訓練（ちぎる・貼る・塗る・切る・結ぶ）、また、表現することの楽しさも経験できる問題集です。

お話の記憶・読み聞かせ

［お話の記憶問題集］
中級／上級編
本体各￥2,000＋税

初級／過去類似編／ベスト30
本体各￥2,600＋税

1話5分の読み聞かせお話集①・②、入試実践編①
本体各￥1,800＋税

あらゆる学習に不可欠な、語彙力・集中力・記憶力・理解力・想像力を養うと言われているのが「お話の記憶」分野の問題。問題集は全問アドバイス付き。

分野別 苦手克服シリーズ（全６巻）

図形／数量／言語／
常識／記憶／推理
本体各￥2,000＋税

数量・図形・言語・常識・記憶の６分野。アンケートに基づいて、多くのお子さまがつまづきやすい苦手問題を、それぞれ40問掲載しました。

全問アドバイス付きですので、ご家庭において、そのつまづきを解消するためのプロセスも理解できます。

運動テスト・ノンペーパーテスト問題集

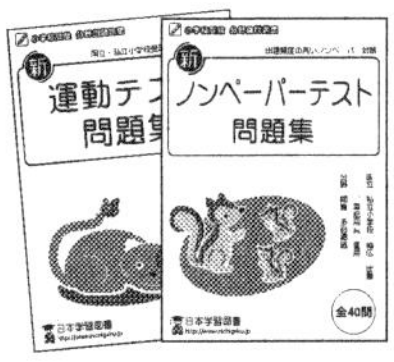

新 運動テスト問題集
本体￥2,200＋税

新 ノンペーパーテスト問題集
本体￥2,600＋税

ノンペーパーテストは国立・私立小学校で幅広く出題される、筆記用具を使用しない分野の問題を全40問掲載。

運動テスト問題集は運動分野に特化した問題集です。指示の理解や、ルールを守る訓練など、ポイントを押さえた学習に最適。全35問掲載。

口頭試問・面接テスト問題集

新 口頭試問・個別テスト問題集
本体￥2,500＋税

面接テスト問題集
本体￥2,000＋税

口頭試問は、主に個別テストとして口頭で出題解答を行うテスト形式。面接は、主に「考え」やふだんの「あり方」をたずねられるものです。

口頭で答える点は同じですが、内容は大きく異なります。想定する質問内容や答え方の幅を広げるために、どちらも手にとっていただきたい問題集です。

小学校受験 厳選難問集　①・②

本体各￥2,600＋税

実際に出題された入試問題の中から、難易度の高い問題をピックアップし、アレンジした問題集。応用問題への挑戦は、基礎の理解度を測るだけでなく、お子さまの達成感・知的好奇心を触発します。

①は数量・図形・推理・言語、②は位置・常識・比較・記憶分野の難問を掲載。それぞれ40問。

国立小学校　対策問題集

国立小学校入試問題Ａ・Ｂ・Ｃ（全３巻）本体各￥3,282＋税

新 国立小学校直前集中講座
本体￥3,000＋税

国立小学校頻出の問題を厳選。細かな指導方法やアドバイスが掲載してあり、効率的な学習が進められます。「総集編」は難易度別にＡ～Ｃの３冊。付録のレーダーチャートにより得意・不得意を認識でき、国立小学校受験対策に最適です。入試直前の対策には「新 直前集中講座」！

おうちでチャレンジ　①・②

本体各￥1,800＋税

関西最大級の模擬試験である小学校受験標準テストのペーパー問題を編集した実力養成に最適な問題集。延べ受験者数10,000人以上のデータを分析しお子さまの習熟度・到達度を一目で判別。

保護者必読の特別アドバイス収録！

Q＆Aシリーズ

『小学校受験で知っておくべき125のこと』
『小学校受験に関する 保護者の悩みＱ＆Ａ』
『新 小学校受験の入試面接Ｑ＆Ａ』
『新 小学校受験 願書・アンケート文例集500』
本体各￥2,600＋税
『小学校受験のための
願書の書き方から面接まで』
本体￥2,500＋税

「知りたい！」「聞きたい！」「こんな時どうすれば…？」そんな疑問や悩みにお答えする、オススメの人気シリーズです。

書籍についてのご注文・お問い合わせ

☎ 03-5261-8951

http://www.nichigaku.jp

※ご注文方法、書籍についての詳細は、Webサイトをご覧ください。

日本学習図書　検索

『読み聞かせ』×『質問』＝『聞く力』

お話の記憶の練習に最適

1話5分の読み聞かせお話集①②

「アラビアン・ナイト」「アンデルセン童話」「イソップ寓話」「グリム童話」、日本や各国の民話、昔話、偉人伝の中から、教育的な物語や、過去に小学校入試でも出題された有名なお話を中心に掲載。お話ごとに、内容に関連したお子さまへの質問も掲載しています。「読み聞かせ」を通して、お子さまの『聞く力』を伸ばすことを目指します。　①巻・②巻　各48話

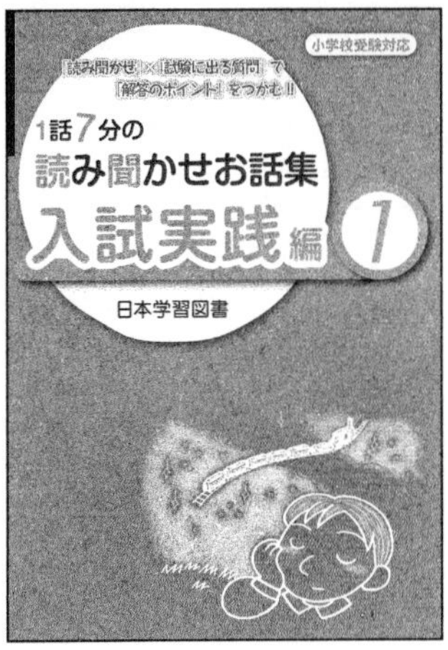

1話7分の読み聞かせお話集 入試実践編①

国立・私立小学校受験対応

最長1,700文字の長文のお話を掲載。有名でない＝「聞いたことのない」お話を聞くことで、『集中力』のアップを目指します。設問も、実際の試験を意識した設問としています。ペーパーテスト実施校の多くが「お話の記憶」の問題を出題します。毎日の「読み聞かせ」と「試験に出る質問」で、「解答のポイント」をつかんで臨みましょう！　50話収録

ニチガクの　この5冊で受験準備も万全！

小学校受験入門 願書の書き方から面接まで リニューアル版

主要私立・国立小学校の願書・面接内容を中心に、学校選びや入試の分野傾向、服装コーディネート、持ち物リストなども網羅し、受験準備全体をリポートします。

小学校受験で 知っておくべき 125のこと

小学校受験の基本から怪しい「ウワサ」まで、保護者の方々からの125の質問にていねいに解答。目からウロコのお受験本。

新　小学校受験の 入試面接Q＆A リニューアル版

過去十数年に遡り、面接での質問内容を網羅。小学校別、父親・母親・志願者別、さらに学校のこと・志望動機・お子さまについてなど分野ごとに模範解答例やアドバイスを掲載。

新　願書・アンケート 文例集500 リニューアル版

有名私立小、難関国立小の願書やアンケートに記入するための適切な文例を、質問の項目別に収録。合格を掴むためのヒントが満載！願書を書く前に、ぜひ一度お読みください。

小学校受験に関する 保護者の悩みQ＆A

保護者の方約1,000人に、学習・生活・躾に関する悩みや問題を取材。その中から厳選した200例以上の悩みに、「ふだんの生活」と「入試直前」のアドバイス2本立てで悩みを解決。

日本学習図書株式会社

家庭学習をトータルサポート！ ニチガクのオリジナル 効果的 学習法

1 まずは アドバイスページを読む！

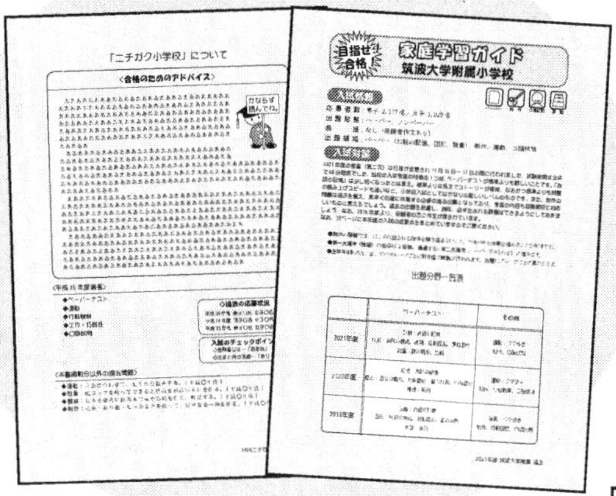

ピンク色です

対策や試験ポイントがぎっしりつまった「家庭学習ガイド」。分野アイコンで、試験の傾向をおさえよう！

2 問題を全て読み、出題傾向を把握する

3 「学習のポイント」で学校側の観点や問題の解説を熟読

4 初めて過去問題にチャレンジ！

5 プラスα 対策問題集や類題で力を付ける

過去問のこだわり

最新問題は問題ページ、イラストページ、解答・解説ページが独立しており、お子さまがにすぐに取り掛かっていただける作りになっています。

ニチガクの学校別問題集ならではの、学習法を含めたアドバイスを利用して効率のよい家庭学習を進めてください。

各問題のジャンル

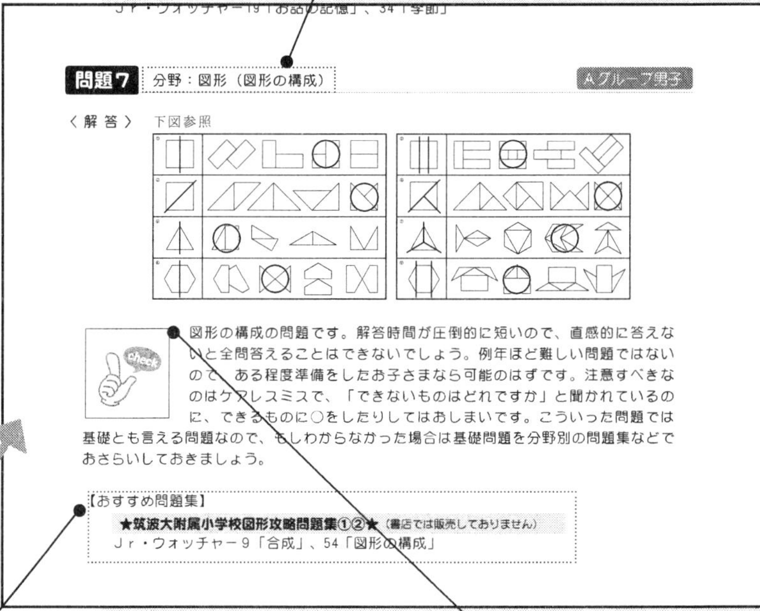
Jr・ウォッチャー19「お話の記憶」、34「季節」

問題7 分野：図形（図形の構成） Aグループ男子

〈解答〉 下図参照

図形の構成の問題です。解答時間が圧倒的に短いので、直感的に答えないと全問答えることはできないでしょう。例年ほど難しい問題ではないので、ある程度準備をしたお子さまなら可能のはずです。注意すべきなのはケアレスミスで、「できないものはどれですか」と聞かれているのに、できるものに○をしたりしてはおしまいです。こういった問題では基礎とも言える問題なので、もしわからなかった場合は基礎問題を分野別の問題集などでおさらいしておきましょう。

【おすすめ問題集】

★筑波大附属小学校図形攻略問題集①②★（書店では販売しておりません）

Jr・ウォッチャー9「合成」、54「図形の構成」

学習のポイント

各問題の解説や学校の観点、指導のポイントなどを教えます。

今日から保護者の方が家庭学習の先生に！

おすすめ対策問題集

分野ごとに対策問題集をご紹介。苦手分野の克服に最適です！

＊専用注文書付き。

2022年度版　筑波大学附属小学校　過去問題集

発行日　2021年2月1日

発行所　〒162-0821　東京都新宿区津久戸町 3-11

TH1ビル飯田橋 9F

日本学習図書株式会社

電　話　03-5261-8951 ㈹

ISBN978-4-7761-5364-1

C6037 ¥2000E

9784776153641

定価 2,200円

（本体 2,000円＋税 10%）

1926037020004